ALESSANDRA GAETANI

CONSAPEVOLEZZA IN 8 PASSI

Come Prendere Consapevolezza Di Se Stessi e Vivere Liberamente Le Emozioni Di Tutti i Giorni

Titolo

"CONSAPEVOLEZZA IN 8 PASSI"

Autore

Alessandra Gaetani

Editore

Bruno Editore

Sito internet

http://www.brunoeditore.it

Tutti i diritti sono riservati a norma di legge. Nessuna parte di questo libro può essere riprodotta con alcun mezzo senza l'autorizzazione scritta dell'Autore e dell'Editore. È espressamente vietato trasmettere ad altri il presente libro, né in formato cartaceo né elettronico, né per denaro né a titolo gratuito. Le strategie riportate in questo libro sono frutto di anni di studi e specializzazioni, quindi non è garantito il raggiungimento dei medesimi risultati di crescita personale o professionale. Il lettore si assume piena responsabilità delle proprie scelte, consapevole dei rischi connessi a qualsiasi forma di esercizio. Il libro ha esclusivamente scopo formativo.

Sommario

Introduzione	pag. 5
Prefazione	pag. 10
Cap. 1: Come capire chi sei veramente	pag. 13
Cap. 2: Come non farsi risucchiare dalle fauci della vita	pag. 27
Cap. 3: Come non cedere al pensiero della morte	pag. 42
Cap. 4: Come gestire il pensiero di un tradimento	pag. 57
Cap. 5: Come imparare ad accettare il proprio passato	pag. 70
Cap. 6: Come accettare veramente se stessi	pag. 82
Cap. 7: Come diventare artefici del proprio destino	pag. 92
Cap. 8: Come vivere la vita che hai sempre desiderato	pag. 100
Conclusione	pag. 111
Ringraziamenti	pag. 115

*Dedicato a mia madre, donna splendida
che amava la cultura e la lettura.*

*A lei,
che mi ha sempre supportato e accompagnato nel mio percorso
trasmettendomi amore infinito, devo tutto ciò che sono oggi
e tutte le storie del cuore che troverete nel libro.*

Introduzione

Non è facile per me creare un'introduzione al libro che state leggendo senza provare almeno a presentarmi, sia per instaurare con voi un rapporto amichevole e di rispetto reciproco, sia perché una storia parte sempre dall'inizio.

Il mio nome, Alessandra, è di origine greca, il suo significato è "protettrice degli uomini" e, si sa, portare un nome del genere, inconsciamente, può influenzare. A un certo della mia vita ho deciso di assecondare ciò che mi suggeriva il cuore. Per fare questo, ho ripreso a studiare (vi garantisco che non ho più smesso) e ho lasciato il mio lavoro amministrativo nell'azienda di famiglia. Come si suol dire, ho fatto: "un salto nel buio", ossia ho scelto l'incerto lasciando un lavoro sicuro.

Oggi mi occupo di naturopatia e counseling e insegno una tecnica che mi ha totalmente rivoluzionato la vita: il ThetaHealing. Organizzo serate di rilassamento guidato con vari gruppi, insegno psicosomatica all'interno della Scuola di Naturopatia e Floriterapia Ippocrate MRO e mi sono data il permesso di vivere appieno ciò che la mia anima aveva scelto prima ancora di arrivare su questo pianeta chiamato Terra.

Nel mio libro vorrei affrontare con voi un viaggio nelle emozioni quotidiane che ci impediscono di vivere liberamente e consapevolmente l'amore. Il primo passo per poter finalmente essere liberi da tutte le credenze limitanti che ci portiamo dietro di generazione in generazione è divenire consapevoli del nostro potenziale interiore. Esse ci impediscono di collegare il cuore al cervello e ci inducono a razionalizzare i sentimenti, facendoci rimanere troppo sul piano mentale.

Siamo creature meravigliose, ma nel corso della vita impariamo a credere che, nel momento della creazione, una parte di noi l'abbiamo persa per strada, che siamo stati separati alla nascita da non si sa bene chi. Le istituzioni sociali ci insegnano a dividere il maschile dal femminile, il razionale dall'emozionale, il cervello dal cuore. Ci raccontano che è il cervello a guidare la nostra vita e le nostre emozioni e noi, cadendo in questa trappola fatta di credenze antiche, dimentichiamo che solo aprendo il cuore possiamo veramente vivere in modo completo.

Non molti anni fa (nel 1991), sono stati scoperti circa 40.000 neuriti sensoriali nel nostro cuore. Essi formano una fitta rete neuronale che è in grado di pensare, comunicare e ricordare in maniera autonoma dai neuroni del cervello. Avviano con noi una comunicazione, ma siamo veramente in grado di comprendere ciò che vogliono dirci? Siamo pronti a riconoscere tutto questo nostro potenziale per vivere finalmente liberi da qualsiasi forma di limitazione fisica, mentale ed emozionale? Se riusciremo a comprendere la resilienza, rilasciando pian piano tutto il vecchio bagaglio, inizieremo davvero a permettere al nostro cuore di comunicare con il cervello, invertendo uno stile di vita ormai obsoleto.

Il libro è composto da otto passi, o capitoli; all'inizio di ogni passo troverete una "storia del cuore" e, di seguito, una serie di riflessioni e alcuni esercizi per provare a rilasciare le limitazioni, fare spazio alla consapevolezza e giungere, infine, alla resilienza che aprirà le porte del cuore. Le storie del cuore sono state scritte in vari momenti della mia vita, negli orari più improbabili (anche in piena notte) e su pezzi di carta di fortuna. In quei momenti sentivo il bisogno urgente di mettere per iscritto ciò che affiorava. Avevo l'impressione che le parole fluissero in modo autonomo e che il mio compito fosse quello di trascriverle senza pormi domande e senza la necessità di comprendere.

Solo in un secondo momento, e dopo che ho provato a raccogliere tutto quel materiale che avevo sparso in modo disordinato, mi sono resa conto che c'era un filo conduttore che legava tra loro tutte quelle storie. Questo *fil rouge* era la consapevolezza di ciò che siamo e come provare a raggiungerla. Io non ero neppure l'unica destinataria di quei messaggi, ma sapevo con precisione quale di essi era destinato a qualcun altro diverso da me, e sapevo anche il suo nome. Il significato delle storie del cuore può, a prima vista, apparire oscuro al lettore, che non conosce il destinatario della storia, ma il messaggio che contengono si chiarirà nella parte descrittiva e, ancora di più, negli esercizi che verranno suggeriti, di volta in volta, al termine di ogni capitolo.

Auguro a tutti voi che avete deciso di intraprendere questo

viaggio di consapevolezza in otto passi di trovare il tempo per riflettere, il coraggio di cambiare e una buona scusa per perseverare nel cammino.

Questo libro è dedicato a mia madre, donna splendida che amava la cultura e la lettura. A lei, che mi ha sempre supportato e accompagnato nel mio percorso trasmettendomi amore infinito, devo tutto ciò che sono oggi e i racconti del cuore che troverete nel libro.

Prefazione

Vi è capitato di voler scoprire quale fosse il vero senso del vostro cammino sulla Terra, in questa vita? Quanti di voi si sono posti questa domanda? E quanti hanno trovato risposta? La curiosità, in questo caso, è un segno di grande evoluzione spirituale, è come spiccare un salto dalla cima di un monte verso il cielo, è come poter vedere tutto da un gradino posto più in alto.

Alessandra è inciampata nella mia vita, come un tiro sballato dato a un pallone sgonfio; ci sono scivolata sopra e, rotolando, sono arrivata al mio punto di partenza così, rannicchiata, confusamente felice, in una dimensione sottile e accogliente dove io stavo e vedevo, cavalcando onde che carezzavano i pensieri, come ricordi. Sono stata presa per mano dalla mia amica Eliana che credo sia davvero la mia anima gemella, quella che senti di conoscere da sempre e che, quando la incontri, la riconosci senza sapere né come né perché.

È stata lei a farmi conoscere Alessandra, che ha introdotto entrambe alla conoscenza della tecnica del ThetaHealing. Io ed Eliana, accolte e guidate da Alessandra, abbiamo iniziato così quello che definirei il viaggio interiore più illuminante che avessi fatto fino a quel momento. Con Alessandra continua anche oggi un interscambio in cui spesso dove non arrivo io arriva lei e, talvolta, dove non arriva lei, arrivo io. Dove non arriviamo insieme, arriva il ThetaHealing, sempre.

Senza saperlo, quando ci siamo incontrate stavamo scoprendo le onde THETA, siamo decollate con una valigia piena e pesante e, all'atterraggio, le nostre zavorre erano morte e sepolte. Da allora sono passati tre anni in cui ho assimilato una consapevolezza maggiore, in cui il metro di misura è diventato l'accoglienza, dove il rilassamento è il respiro e gli attimi diventano eternità, tanto li assaporo.

Ho conosciuto tanta rabbia, quanta ne ho dimenticata. Ho incontrato tanto dolore, quanto ne sono riuscita a trasformare in opportunità. Ho riconosciuto molti occhi, condiviso molti ricordi. Nel mio viaggio in Theta ho attivato doti un tempo sopite, ho risvegliato la capacità di percepire energie sottili, sensazioni ed emozioni, imparando a dominare paure e timori di cui un tempo ero prigioniera e che oggi invece, sono la mia forza. Le memorie remote si sono talmente risvegliate che il peggiore dei miei timori e la più meschina delle mie paranoie si sono trasformati nei migliori compagni di vita. Non è tutto color rosa, non c'è sempre l'arcobaleno, non c'è sempre il sole, qualche volta piove, ma ora possiedo la cura... E ciò che sembra non è più.

Questo libro mi è stato utile perché ha contribuito a chiarirmi il percorso di crescita che ho fatto fino a oggi. In otto punti, mette in evidenza le paure e le credenze limitanti più diffuse che ci impediscono di scoprire il nostro vero potenziale e, attraverso semplici esercizi, ci svela come superarle con la conquista di un maggior grado di consapevolezza.

Maria Cecilia Bassi

Capitolo 1:
Come capire chi sei veramente

Chi sei? Sei arrivato in punta di piedi, mentre me ne stavo andando, come se l'importante non fosse per quanto tempo, ma soltanto l'aver rispettato quel tempo, deciso forse molte vite fa. E ora che abbiamo rispettato la promessa? Ora che cosa dobbiamo fare? La ragione si è dibattuta per far sì che io non ti riconoscessi, ma forze superiori alla stupida mente menzognera hanno preso la loro rivincita... E ora sono qui, con un mondo di profumi che mi raccontano di te... di chi sei ... di chi eri; a chiedermi che cosa devo fare, o capire, o portare a termine.

Ti incontro anche nei luoghi più privati del mio essere, dietro gli angoli blindati della mia anima sbuchi tu. Non ti avverto come pericolo, né come prigione, e questo mi fa stare bene, ma perché mi sento così a casa con te? Da dove arrivi? Perché la tua anima si è subito mostrata nuda a me? Perché sin dal primo istante mi hai raccontato la nostra storia senza neppure parlare? Dico la

Nostra, sì la Nostra storia non per fare dello sciocco romanticismo, ma è chiaro che è la Nostra, se io con te mi sento a casa significa che altre volte ho vissuto una condizione animica simile.

Quando siamo insieme non percepisco separazione o distinzione tra me e te, ma solo e unicamente una fusione. Provo un bene assoluto, che non è il bene comune che due innamorati si dichiarano, no! Mi sentirei di offendere la parte più nobile e intima delle nostre anime a intendere questo, ma è un bene che va oltre qualsiasi vincolo, legame o dogma, un bene infinito che c'è, c'era e ci sarà sempre oltre lo spazio e il tempo.

È un bene non generato da un corpo fisico, ma da qualcosa di infinitamente immenso e inesauribile, un bene che passa attraverso il cuore, ma non il cuore di due persone vincolate in qualche specie di relazione limitante. È un cuore che non ha un unico corpo d'appartenenza, appartiene all'universo, e io sono fiera di poterlo far scorrere dentro di me e di ricevere questo dono chiamato "bene universale".

Sono onorata di poter provare tali emozioni, e te ne sono grata, perché è tramite te che mi è stato fatto questo dono. Certo che noi non possiamo stare chiusi in una semplice relazione, sarebbe come pensare di poter rinchiudere l'infinito in una scatola. E l'infinito non ha contenitori, è infinito e basta.

E noi non abbiamo ruoli o stereotipi di relazione che possano contenerci, siamo infiniti, anime libere che hanno deciso di ritrovarsi a un bivio per compiere un pezzo di strada verso casa insieme.

Non è importante sapere dove andrà questa strada, né quanto sarà lunga, l'importante è percorrerla con allegria e lealtà, nell'assoluta libertà di poter scegliere la direzione migliore per noi, certi che ognuno rispetterà sempre il tacito patto di non vincolare l'altro in un malato bisogno di chissà che cosa.

Credo che finché ognuno di noi avrà il coraggio di mostrarsi nudo all'altro, nessuna distanza impedirà all'anima di ritrovarsi, e nel momento in cui le maschere inizieranno a coprire i volti, nella paura di scorgere la vera immagine riflessa, la pura consapevolezza non potrà far altro che innalzare i corpi e svelare la verità. Sì, la verità di due anime che si scoprono identiche nell'infinito specchio dell'eternità!

Nel momento in cui ho deciso di ascoltare questa storia, ho lasciato il cuore libero di esprimersi, non sapendo bene dove tutto questo mi avrebbe condotto. Man mano che scrivevo, restavo sempre più basita in merito ai contenuti, ma avevo promesso al cuore che lo avrei ascoltato fino in fondo, e così ho fatto.

Ho dovuto rileggerla più e più volte, e ogni volta emergeva qualcosa di nuovo. Ovviamente la lotta tra cuore e cervello si faceva sentire sempre di più, ma una promessa è una promessa. Mi sono dovuta concentrare più volte, riportando l'attenzione al cuore, perché comprendevo che quello era veramente l'unico modo per portare dentro di me questa storia e far sì che la voce del cuore mi guidasse verso una consapevolezza fino a quel momento a me sconosciuta.

Quanti concetti nuovi, quante informazioni importanti si celavano dentro di me e io, ignara di tutto questo, continuavo a sbattere come una falena sulla luce più fatua, alla ricerca di chissà quale amore. Mai avrei pensato che stavo coprendo me stessa con maschere asettiche che non lasciavano trasparire la mia vera essenza; mai avrei pensato che, facendo ciò, stavo perdendo me e l'altro. Mai avrei potuto immaginare che una relazione potesse essere vera soltanto mostrando la mia anima nuda. Io che ho sempre cercato di tutelare una parte di me per il timore di dare la mia vita in mano all'altro.

Io che chiudevo il mio nucleo più intimo come si chiude un forziere pieno di diamanti irraggiungibili e, nel momento in cui mi veniva posta la fatidica domanda: «Cos'hai, perché non parli?» la gola mi si stringeva, la bocca cessava di emettere suoni, la mente diventava una lavagna bianca e, da lì, ogni sorta di comunicazione veniva interrotta per poi riprendere dopo qualche giorno, nell'eclisse totale di tutte le emozioni che avevano attraversato la profondità di ogni cellula della mente, del corpo e del cuore.

Ogni volta lo schema si ripeteva e il risultato era sempre più doloroso, le parole trattenute in gola urlavano dentro di me come se volessero trovare una via d'uscita, e tutti i silenzi sembravano riunirsi in quell'urlo che storpiava l'anima e il corpo, che pian piano si trasformava fino a diventare sempre più gonfio e goffo, come a voler difendere la parte più debole e indifesa della mia femminilità. Puntualmente la relazione saltava, c'erano sempre dei buoni motivi che permettevano la rottura, perché l'anima ci fornisce sempre la cura per la nostra malattia, ma anche la scusa per continuare a essere ammalati.

Nel momento in cui ho veramente accettato che soltanto io ero cura e malattia di me stessa, ho riavvolto la pellicola delle relazioni passate per cercare quali fossero i punti focali da analizzare e comprendere, per poi creare cura e antidoto. Riavvolgere il nastro del passato è utile per trasformare quello che apparentemente ci viene venduto per fallimento, colpa o inadeguatezza. Nel momento in cui ho compreso ciò che l'altro stava mostrandomi di me, magari con modi bruschi, violenti e meschini, ho finalmente liberato, una a una, ogni relazione dai vincoli mentali che mi incatenavano al dover ripetere il solito errore per comprenderlo.

Non è stato facile questo lavoro, ogni volta che rivivevo i momenti passati, tutte le emozioni celate tornavano a galla, ma questa volta le ho lasciate arrivare, le ho accolte e, pian piano, le ho accompagnate là dove volevano andare. Su quel nastro c'era impresso ogni singolo attimo della mia vita, dalla nascita fino al momento dell'analisi. Trovarsi a rivivere le emozioni di una relazione in cui avevo "accettato" silenziosamente la violenza di un marito che sottraeva soldi dal lavoro in comune per soddisfare le sue dipendenze non è stato facile, ma ho capito che questa modalità era l'unica che mi poteva portare veramente a comprenderne il perché.

Dopo quella, ci sono state altre relazioni apparentemente più tranquille, ma ogni volta il copione si ripeteva. A lui ho permesso di prendersi la mia libertà e i miei soldi, agli altri ho dato il permesso di prendere qualcosa di meno visibile, ma ogni volta le ferite aumentavano. A qualcuno ho dato gli anni della spensieratezza trasformandoli in anni di annichilimento del mio essere donna, fino al punto di non riuscire a vivere più con leggerezza la mia vera natura e il mio corpo, vivendo la vergogna e l'imbarazzo delle mie rotondità naturali. Ogni volta cercavo di evitare l'esperienza precedente ma quella, in silenzio, mi seguiva e, nel momento in cui abbassavo le difese, si riaffacciava.

Ho donato gli anni che mi avrebbero concesso di realizzarmi come madre, creando rimpianti e rimorsi che spesso diventano in me un mostro gelatinoso che si appiccica all'anima e non la lascia libera di comprendere che la creazione può andare oltre il concetto legato a un figlio. Credo che elaborare questo mostro sia stata la parte più difficile ma, mentre scrivo, comprendo che in questo preciso istante sto generando la mia creatura. So che potrebbe non sembrarvi la stessa cosa, e in parte condivido questa idea con voi, ma credo che se non puoi forzare gli eventi, l'unico modo per andare avanti è assecondarli.

Questo lavoro di introspezione è un lavoro che non finisce mai. Viviamo relazioni quotidiane con moltissime persone e credo sia nostro compito, ogni volta che sorge un problema con una di loro, fermarsi e comprendere cosa ci sta mostrando, cosa ci sta insegnando. Soltanto così potremo riprendere il potere della nostra vita. Fintanto che ho recitato il ruolo della "vittima", ho avuto sulla mia strada molti "carnefici" che esaudivano il mio desiderio di essere vittima. Quando sono diventata consapevole che questo gioco iniziava veramente a farmi male, ho cercato attraverso la lente della verità tutti i miei carnefici nel tentativo di liberarmene per sempre. Ma ho trovato solo me stessa, loro erano svaniti tutti.

Comprendere di essere l'unica che può disporre, nel bene e nel male, di se stessa mi ha dato veramente una grande forza e mi ha liberato dalle catene delle false relazioni e della paura di mostrare finalmente la mia anima nuda. Credo che mostrarsi all'altro veramente per quello che siamo, in qualsiasi tipo di relazione, senza il timore di essere sbagliati, di non essere voluti o di non essere accettati per tutto il bagaglio che portiamo con noi, sia veramente la cura e l'antidoto.

Vorrei ora invitarvi a fare una prima riflessione su ciò che avete letto ascoltando che cosa ha suscitato nel vostro cuore. Vi suggerisco di prendere carta e penna e di iniziare a scrivere le prime emozioni senza pensarci troppo. Datevi tempo e rileggete la storia del cuore almeno tre volte; ogni volta che l'avrete letta, ripetete l'esercizio di scrivere le emozioni che ha suscitato in voi, senza guardare cosa avete scritto prima. Probabilmente la terza volta vi balzeranno in mente emozioni più profonde, che neppure credevate di poter provare.

Ora potete passare all'esercizio successivo. Descrivete le relazioni affettive che vi hanno segnato di più e fate una lista di tutte le volte che vi siete sentiti vittime. Interpretare il ruolo della vittima spesso ci tutela da una serie di emozioni dolorose che in quel momento non siamo pronti ad accogliere, ma vi garantisco che restare per troppo tempo dietro quella maschera farà in modo che tutto si ripeta, con scenari diversi, ma con gli stessi risultati. Anche per questo esercizio potrebbe esservi utile rileggere la prima storia del cuore.

Quando avete completato la lista, potete cercare di comprendere che cosa vi voleva insegnare il vostro ruolo di vittima, o che cosa vi stava insegnando il vostro carnefice. Magari in questo momento starete sgranando gli occhi e commenterete dentro di voi: «Ma questa non ci sta con la testa!» Be', può essere, ma vi garantisco che ogni volta che mi sono fatta queste domande, e ho atteso in silenzio e a occhi chiusi la risposta, mi sono arrivate un elenco di virtù tipo: forza, pazienza, devozione, libertà, fede in me stessa oppure fede in qualcosa al di sopra di tutti noi, che lo vogliate chiamare Dio o universo. Ho imparato la femminilità, il mio valore e molto altro. Ogni volta che iniziavo a compilare la mia lista, le virtù che avevo appreso erano veramente tante.

Scrivete tutto, perché solo così potrete rendervi veramente conto di essere gli attori della vostra vita. Ora scrivete da chi avete imparato quei ruoli e chi, nella vostra famiglia, ha vissuto o sta vivendo situazioni simili, oppure totalmente opposte. Spesso l'opposto ci fa sentire non all'altezza. Nel mio caso, ho cercato di ripetere lo schema della mia famiglia, dove percepivo armonia e unione. Non ho mai sentito i miei genitori litigare, li sentivo uniti nelle decisioni e nelle scelte di vita.

Ovviamente, nel momento in cui mi sono trovata a vivere un matrimonio dove ogni giorno c'era una discussione, dove la percezione di lealtà e il confronto non esistevano, e tutti i valori appresi dalla mia famiglia d'origine crollavano uno ad uno, mi sono sentita sbagliata e non all'altezza nel confronto con mia madre, che ha sempre tenuto unita la sua famiglia. Da quel confronto non superato ho iniziato a seminare nel mio inconscio il senso di fallimento e di svilimento, e devo dirvi che sono semi che germogliano velocemente fino a invadervi completamente in maniera silente e subdola.

Come ultimo esercizio potete scrivere quale relazione ha smosso di più in voi sentimenti di rabbia, rancore o risentimento.

RIEPILOGO DEL CAPITOLO 1:

- SEGRETO n. 1: Procuratevi carta e penna in modo da seguire il vostro percorso e poterlo visionare anche nel tempo. Potrete scoprire che le emozioni sopite che state provando ora, magari a fine libro sono state elaborate; potrebbe essere una consapevolezza di evoluzione. Comprendo che non è sempre facile riuscire ad accogliere le emozioni sopite, ma pian piano scoprirete che ogni emozione diventa più leggera quando la si incontra.
- SEGRETO n. 2: Prima di fare qualsiasi esercizio, e prima di leggere la storia del cuore, chiudete gli occhi, mettevi il palmo della mano sul cuore, fate tre respiri lenti e profondi. Chiudere gli occhi permetterà alla vostra mente di sentirsi al sicuro e libera di rilassarsi. Portare la mano sul cuore vi permetterà di iniziare a spostare la vostra attenzione dalla mente al cuore, accettando con semplicità le risposte immediate che questo genera.
- SEGRETO n. 3: Rileggete la storia del cuore e scrivete le emozioni che affiorano; se ci riuscite, cercate di ripetere questo esercizio tre volte, annotando ogni volta tutti i cambiamenti che riscontrate fra l'uno e l'altro. Leggere tre

volte la storia del cuore vi permetterà di entrare più in profondità nelle vostre emozioni.

- SEGRETO n. 4: Cercate di riportare alla mente le relazioni che vi hanno segnato, ponendo l'attenzione su come vi sentite nell'accogliere nuovamente dentro di voi pezzi di vita apparentemente passati, ma probabilmente non elaborati. Provate a pensare a quando vi siete sentiti vittime nella relazione che avete riportato alla mente.
- SEGRETO n. 5: Ora ascoltatevi, portate l'attenzione dentro di voi e cercate di comprendere verso chi provate maggiormente rabbia, rancore, ruminio mentale o rimpianto.

Capitolo 2:
Come non farsi risucchiare dalle fauci della vita

Vita, quante volte mi hai inghiottito nelle tue fauci per ridurmi a brandelli, lasciandomi poi scivolare giù, nel luogo più buio e putrido che avevi creato per me. Mi hai digerito e restituito a Madre Terra più e più volte.

Ogni volta il dolore sembrava lenito dalla consapevolezza dell'esperienza precedente, ma era solo un'illusione della mente che si stava difendendo dai tuoi attacchi. Più volte hai mandato sulla mia strada angeli che io ho scambiato per demoni e molte altre volte mi hai fatto incontrare demoni mascherandoli da angeli luminosi. Ogni volta l'agonia era l'anticamera della pace, perché quando ogni singolo brandello arrivava alla fine della tua digestione, mi restituivi alla Terra, alla mia amata Madre Terra.

Solo in quel momento tutto trovava pace e logica, ogni attimo di dolore trovava un senso, la visione si espandeva e la libertà da ogni sorta di prigionia giungeva su di me come il balsamo migliore, mai conosciuto prima. Poi un giorno hai deciso di togliermi anche questi attimi di respiro, in una sera buia e fredda mi hai tolto anche l'unico riparo sicuro e amato e, da quel momento, ho iniziato a odiare anche te, vita, e la mia Madre Terra.

Come può la Madre universale, colei che genera, accoglie e nutre tutti gli uomini del creato, decidere di portarsi via la mia di madre? Ho gridato, supplicato, pregato e poi inveito contro quel Padre universale, creatore di tutto, e contro quella Madre Terra che non era più così amorevole come credevo. Mi sei apparsa falsa e ingannevole, la peggiore madre che mai un essere umano potesse incontrare. Sono arrivata a disconoscere l'appartenenza a questo creato, fino a sperare di essere finalmente inghiottita definitivamente dalle tue fauci, ma tu ancora una volta non mi hai ascoltato.

Vita, quante volte ancora dovrò finire triturata dalle tue fauci per poi rinascere finalmente nella pace? Quante lezioni dovrò imparare, quanti esami dovrò ancora superare, prima di essere finalmente libera? Le forze iniziano a diminuire e un dubbio mi assale: sei tu che mi togli le forze o sono io che sto rinunciando? D'improvviso l'ultima domanda porta con sé la risposta. Credi veramente di aver bisogno di forza per vivere? Forse la lezione, l'ultima che mi stai mostrando, è quella di comprendere come vivere senza forzare gli eventi, nella fede assoluta verso quel disegno divino che tutto sa. E da qui l'amore infinito e la gratitudine per "le fauci della vita"!

Mi sono lasciata scivolare in questa storia del cuore con timore e resistenza. Ogni volta che chiudevo gli occhi per cercare di comprendere dove mi avrebbe condotto questo viaggio, vedevo soltanto un tunnel nero. Ho cercato aiuto nel cuore, ma anche da lì emergevano soltanto brividi di freddo e paure poco concrete. Ogni volta che riprendevo questa storia, la prima reazione era di fuggire, di evitare quel tunnel nero.

Poi, nel momento in cui mi sono distaccata dall'idea del tunnel portando l'attenzione sul respiro e sulla musica che mi ha accompagnato durante la stesura di questo libro, ho compreso che rappresentava il mio primo incontro con un tunnel, quello percorso nell'uscita dall'utero, cioè la mia nascita. Tengo a precisare che, anche in quel momento, non ho davvero percorso quel tunnel, perché sono arrivata su questa Terra con un parto cesareo programmato in anticipo rispetto alla mia data naturale di arrivo.

Ancora oggi mi chiedo se non aver preso quel tunnel mi abbia poi portato ad affrontare la vita passando per corridoi stretti e bui alla ricerca del tunnel perduto. Oppure se l'aver mancato quel primo passaggio, dove avrei sperimentato il viaggio durato circa 8 mesi nel caldo e accogliente ventre di mia madre, per poi iniziare la preparazione per l'uscita verso la vita, mi abbia tolto, in realtà, la capacità di apprendere come ci si prepara a vivere, creando in me un vizio di forma che mi porta a buttarmi d'impulso nelle situazioni e poi a pagarne inevitabilmente lo scotto.

Anche l'essere stata fatta arrivare quasi un mese prima della conclusione di quel comodo viaggio, ovviamente per ragioni di primaria importanza che coinvolgevano sia la vita di mia madre sia la mia, mi ha fatto sentire un po' impreparata, e forse mi ha portato a vivere questa vita senza possedere un concetto del tempo altrettanto razionale di come appare alla vista degli altri. All'apparenza le mie scelte sembrano avere tempi lunghissimi di gestazione, ma all'improvviso scatta qualcosa, e da lì la decisione è partorita, unica e inderogabile. Oppure sono immediate e impulsive, ma spesso subiscono un arresto altrettanto immediato e shoccante, forse per la mancanza di gestazione.

Dopo aver compreso il mio sentire relativo al mio atterraggio su questo pianeta chiamato Terra, posso comprendere meglio questa storia del cuore e iniziare con serenità il viaggio a ritroso in quel tunnel. Osservando la pellicola riavvolgersi, incontro molti momenti in cui ho affrontato la vita con forza. Tutto questo per me è sempre stato naturale: più le situazioni erano difficili e imponevano sfide, più mi stimolavano.

Credo di aver iniziato a sviluppare i concetti di sfida e di forza nel momento in cui il medico ha detto a mio padre che avrebbero fatto il possibile per salvare mia madre, ma io ero spacciata. Ho affrontato quella sfida dimostrando a tutti la mia forza e la determinazione nel farmi valere. Da quel momento in poi, ogni battaglia o sfida mi si presentasse davanti, ero sempre pronta a combatterla. Ogni volta che una battaglia terminava e ne uscivo apparentemente vincente, mi sentivo forte e imbattibile, pronta per la sfida successiva. Non mi fermavo mai a curare le ferite, che si rimarginavano una sopra l'altra, pronte a riaprirsi nella battaglia successiva.

Ho sfidato i professori a scuola, spesso evitando di studiare o di chiedermi veramente cosa avrei voluto sfare da grande, nella convinzione che andare contro le loro idee e i loro metodi fosse il modo migliore per mostrarmi forte e indipendente. Poi, con l'età e la maturità, ho compreso che il non avere ben chiaro il percorso di studi e di vita al momento giusto mi ha portato a vagare per varie strade, qualcuna anche tortuosa, allontanandomi sempre di più da quello che veramente era il percorso della mia anima.

Ho appreso sulla mia pelle che, se nella vita non si ha una direzione, qualcuno o qualcosa prenderà il timone al nostro posto e ci porterà dove vuole. Lasciare che siano gli eventi a condurci, a scegliere per noi, alla lunga crea frustrazione e svilimento. E quando lo svilimento prende il sopravvento, mentre osserviamo la vita scorrere senza poter bloccare questo flusso, possiamo solo accettare ciò che ci viene offerto, anche se siamo consapevoli di meritare di più.

Si impara a subire tutto, è un po' come fare un biglietto per un giro infinito sulle montagne russe, senza neppure sapere chi siederà accanto a noi in quel viaggio, né quanto tempo durerà il giro di giostra. Io ho iniziato relazioni che apparentante mi sembravano la libertà, ma poi mi sono trovata incatenata e depredata di tutto. Ho voluto crederci fino in fondo e alla fine mi sono ritrovata lontana dalla mia casa e dai miei affetti. Quando realizzavo che dove ero neppure mi vedevano, provavo a ricomporre i frammenti di ciò che era rimasto di me, mettendo in moto la vecchia strategia: il combattimento.

All'inizio mi sembrava di vincere perché mi liberavo del carceriere, ma alla fine sentivo che tutte queste battaglie mi stavano frammentando. Era come se ogni volta avessi perso un pezzo di me e avessi tamponato la falla con quelli dell'altra, che mi erano rimasti attaccati alla pelle per timore di dimenticare il motivo della battaglia. Tentavo di rimettere i frammenti rimasti in una piccola ma pesante valigia e ripartivo, trascinandomi faticosamente dietro l'involucro della mia immagine quasi svuotata del tutto, anche della dignità di essere donna...

Quando riuscivo a rimettermi in piedi, mi convincevo di essere stata forte per aver superato anche quell'ultima battaglia; mi guardavo allo specchio e mi domandavo a che cosa mi sarebbe potuta servire tutta quella forza. La risposta non tardava ad arrivare ma, come spesso accade, non la coglievo subito, prima c'era un nuovo biglietto per un altro giro su una giostra diversa, ancora più divertente, e le persone che decidevano di salire avevano abiti ancora più colorati e di nuovo mostravano il loro volto apparente.

Un giorno tranquillo, mentre stavo svolgendo la mia mansione di contabile nell'azienda di famiglia, arriva un'amica che mi mostra una brochure di una scuola di naturopatia. Io, con disinteresse, appoggio il foglietto sul banco pensando che mai avrei ripreso a studiare. Ovviamente dopo tre giorni mi ero già iscritta; ho finito il percorso e l'ho completato con la specializzazione in counseling.

Fin qui apparentemente tutto bene. Durante il percorso dei tre anni, ho frequentato anche altri corsi, e uno in particolare mi aveva incuriosito molto, portandomi alla decisione di preparare la tesi su quell'argomento. Il percorso che mi aveva colpito riguardava lo studio della tanatologia e il titolo della mia tesi era "Accompagnamento al morente e sostegno alla famiglia". Ero certa che nessun allievo del corso avrebbe trattato questo argomento, e infatti i docenti accettarono subito il titolo. Ma di lì a poco la mia vita e quella tesi sarebbero diventate la mia battaglia più grande.

Ho condiviso con mia madre il mio progetto di tesi, spiegandole che il mio sogno sarebbe stato quello di realizzare un *hospice*, cioè un luogo dove fornire sostegno ai malati terminali e alle loro famiglie. Ricordo ancora quel momento di condivisione; stavamo bevendo un caffè e mia madre mi ha guardato con i suoi occhi verdi splendenti e mi ha chiesto: «Sei sicura di voler veramente entrare in contatto con il dolore infinito della morte?» Ho risposto con immediatezza: «Sì, ne sono certa!». Lei mi ha guardato nuovamente dritto negli occhi e ha detto: «Bene, io sarò la prima con cui farai pratica». In quel preciso istante, ha appoggiato la tazzina sul piattino e con naturalezza ha pagato il caffè, per poi riprendere a parlare del più e del meno.

Sono rimasta perplessa e ho pensato che non avesse capito bene di cosa parlavo; ho anche lasciato cadere l'argomento, considerando che lei aveva un po' di timori in merito a tutto ciò che gravitava intorno alla morte. La giornata, o meglio, le giornate hanno continuato il loro ciclo, io avevo completamente rimosso il tutto e lei non aveva più fatto alcun cenno alla tesi. Ma in una serata apparentemente normale e tranquilla, è squillato il telefono e da lì tutto si è trasformato nella mia peggiore battaglia.

Mia madre era in ospedale, nessuno aveva compreso il problema e la gravità, gli errori medici si sono susseguiti all'infinito; quella che all'apparenza poteva sembrare una banale colica di colecisti, si è trasformata per me in una lotta per la sua vita. Sono stati quattro mesi di guerra con medici che continuavano a sommare errori su errori. Ogni mattina entravo in ospedale con la speranza di intravedere un po' di luce in quel tunnel buio e gelido e ogni sera uscivo da lì avvolta nelle tenebre più oscure. Ogni giorno una parte di lei se ne andava, in maniera lenta ma inesorabile, come se fosse il suo ultimo gesto per dimostrare amore, resistendo al dolore del corpo per far abituare me e gli altri familiari alla sua assenza.

In quei quattro mesi ho affrontato con lei ogni momento e ogni scelta, ma anche in questo è stata unica, perché alla fine ha sempre scelto lei il da farsi, preservando me, o chi per me, da qualsiasi eventuale dubbio di errore e da qualsiasi rimorso futuro. Prima di lasciare definitivamente il corpo, mi ha abbracciato e mi ha salutato, come a volermi trasmettere, con quell'abbraccio, rassicurazione e amore. Questa è stata la battaglia più dolorosa, quella da cui sono uscita veramente sconfitta nell'anima, arrabbiata con tutto e con tutti, compreso quel Creatore tanto buono e magnanimo.

Dal giorno del suo viaggio finale fino al momento della discussione della tesi è passato meno di un mese. Devo dire che soltanto dopo mi sono concessa di ricordare le sue parole: «Io sarò la prima».In questo frangente ho veramente compreso che tutta la forza acquisita nel tempo non mi era utile a niente, non riuscivo a trovarla da nessuna parte, era svanita. Mi sono concessa finalmente di abbandonare la forza e accettare le emozioni fino in fondo, solo così, piano piano, mi sono rimessa in piedi. So che lei mi è vicina, anche se la mancanza è quotidiana, così com'è quotidiano il sostegno che percepisco.

Gli esercizi relativi a questa storia del cuore vi possono aiutare a comprendere che vivere mostrandosi forti agli altri, in realtà porta soltanto a perdere parti di noi. La guerra è sempre composta da tante battaglie e sia che si vinca, sia che si perda, ogni volta qualcosa di noi rimane sul campo di combattimento. Credo che il miglior modo di vivere questa vita sia proprio quello di abbandonare la convinzione, che spesso ci portiamo dietro di generazione in generazione, che "la vita è una lotta". Se invece continueremo a pensare in questo modo, per le leggi universali di attrazione e di risonanza la vita ci fornirà i modi e le scuse per lottare.

Dunque, per prima cosa vi suggerisco di prendere nota di tutte le volte che avete trascorso questa vita lottando. Poi scrivete dove e quando avete sentito per la prima volta in vita vostra la frase "la vita è una lotta". Tornare alla prima volta vi aiuterà a comprendere meglio. Osservate anche chi, nella vostra famiglia, lotta o ha lottato per raggiungere gli obiettivi prefissati, perché sappiate che tendiamo a ripetere tutto ciò che abbiamo assorbito dall'ambiente familiare.

Elencate tutte le volte in cui avete sentito che la vita vi stava conducendo e non eravate voi a guidarla. Domandatevi se, quando vi è successo, avevate un progetto di vita e se lo avete adesso. Avere un progetto di vita richiede il coraggio di credere in se stessi, di riconoscere il proprio valore e di rispettarsi. Domandatevi che cosa vi ha insegnato di positivo la sfida più importante che avete affrontato fino a questo momento nella vostra vita e se, senza quella sfida, avreste appreso veramente la lezione.

RIEPILOGO DEL CAPITOLO 2:

- SEGRETO n. 1: Fate un elenco di tutte le volte in cui avete vissuto la vita lottando. Possibilmente ripetetelo a distanza di qualche giorno per vedere se si aggiungono altri eventi che non ricordavate prima. Vi aiuterà a comprendere come si attiva in voi la modalità del lottare per vivere questa vita.
- SEGRETO n. 2: Provate a ricordare dove e quando avete sentito per la prima volta la frase "la vita è una lotta" e da chi l'avete sentita. Comprendere ciò potrebbe aiutarvi a prendere visione che questa modalità di lotta non vi appartiene, ma è soltanto la ripetizione di uno schema familiare acquisito.
- SEGRETO n. 3: Cercate di ricordare se qualcuno nella vostra famiglia ha lottato o sta lottando per raggiungere un obiettivo. Se avete questo ricordo, è probabile che abbiate ripetuto la stessa modalità per riconoscervi membri della vostra famiglia. Spesso diversificarsi fa paura, nella diversità vediamo una sorta di perdita delle nostre radici di appartenenza, allora accettiamo certi schemi comportamentali senza neppure prendere in considerazione modalità differenti.
- SEGRETO n. 4: Riportate alla mente se e quando avete sentito che era la vita a condurvi e non voi a guidarla, e chiedetevi se

avevate un progetto oppure no, e se ne avete uno adesso. Avere un progetto di vita aiuta a essere i registi della propria vita e a non vivere come comparse.

- SEGRETO n. 5: Provate a pensare alla sfida più grande che avete affrontato fino a oggi, a ciò che vi ha insegnato di positivo, e domandatevi se avreste appreso ugualmente la lezione senza quella sfida. Molto spesso l'unico modo che conosciamo per far fronte alle numerose prove che incontriamo è proprio la sfida, ma accettare questa modalità ci porta ad attrarre nella nostra vita sfide continue. Cercare di riconoscere il momento in cui la lotta o la sfida si attiva in noi ci dà la possibilità di cambiare questa modalità.

Capitolo 3:
Come non cedere al pensiero della morte

Cari amici, è difficile per voi accettare questa realtà, ma sappiate che per me lì non c'era più vita. Non avevo più la percezione di cosa volesse dire vivere, da quel giorno maledetto, quando all'improvviso la vita ha truccato i dadi e l'irreparabile è comparso davanti ai miei occhi.

La malattia è sopraggiunta dopo quell'evento, ma l'inizio e la fine sono stati lì. Da quel momento il respiro si è congelato e con esso anche il mio corpo, il resto è storia ben nota a tutti. La sentenza finale poteva darla solo il giudice interiore che vive in me e che porta con sé tutti i retaggi e le convinzioni limitanti di una cultura obsoleta basata sul senso di colpa.

Cercate di capire che dopo la vita c'è vita, una vita più leggera, senza strutture vincolanti. Qui i sensi di colpa non mi incatenano più facendomi sentire schiavo di un involucro vuoto. Qui tutto è chiaro, la dinamica, il motivo e la non colpa. Qui e solo qui sono riuscito a comprendere e finalmente a concedermi di rilasciare qualsiasi senso di colpa.

Ringrazio tutti voi per essermi stati vicini fino in fondo, ringrazio per quello che state continuando a fare, ma se veramente volete fare qualcosa per questa malattia (la SLA) e per tutte le malattie, cercate di guardarle con occhi diversi e da una prospettiva più ampia. E poi vivete, vivete senza pesi e senza prigioni, perché i pesi si trasformano velocemente in fantasmi che catturano l'anima e la rubano a un corpo che resta vuoto e inanimato. Vivere nel sonno significa vivere fuori da un corpo vuoto di vita, ma pieno di dolore. Il sonno era il mio rifugio, che sempre meno riusciva ad accogliermi.

Ora amici sappiate che sono libero, libero di vivere, di scegliere se dormire o stare sveglio e vigile senza alcun dolore. Sono vicino a tutti voi, chi saprà abbandonare la rabbia per la perdita, chi saprà scostarsi dalla falsa verità della morte saprà sentirmi più vicino di sempre.

E tu, caro amico, tu che mi onori con i tuoi modi forti ma garbati, ti dico vivila questa vita, lascia quel fardello pesante che ti impedisce di andare avanti, lascialo andare, perché se continuerai a restarci aggrappato vincerà lui. Sappi che tutto ciò è soltanto una trappola della mente che, in maniera subdola e disinvolta, ti tiene bloccato in questo posto che non è più il tuo. Corri, tu che puoi farlo, corri veloce fuori da questo tunnel, è solo un'illusione. Ora può sembrarti impossibile, ma appena inizierai a spostarti anche solo di qualche passo, la visuale cambierà e il tunnel si riempirà di luce!

Che dire in merito a questa storia del cuore... credo che per comprendere veramente cosa sia la morte al punto da arrivare ad accettarla e a vederla come un passaggio, dovremmo aver appreso cos'è la vita, ma questa non vuole essere una frase scontata. Siamo veramente sicuri di comprenderla questa vita? Spesso mi sono chiesta chi sono veramente, quale sia il mio compito o la ragione per cui sono qui e viva nel mio corpo fisico; e mi sono chiesta chi avesse fabbricato il mio corpo, ovviamente al di là del concepimento dei miei genitori.

Mi sono anche domandata se sono soltanto un corpo fisico con una mente pensante e un cuore pulsante, o se ci sia altro dietro a tutto ciò. Credere di essere soltanto un'organizzazione cellulare regolata da una mente e tenuta in vita da un cuore mi sembra troppo limitante e misero, e questa idea non mi piace per niente!

Piano piano la mia curiosità ha iniziato a trovare qualche risposta, e questo è uno dei motivi per cui mi sono appassionata alla tanatologia. Pensate che, per un lungo periodo, ovunque andassi avevo con me quello che chiamavo il mio libro magico; un libro di domande e risposte, dove viene egregiamente spiegato il ciclo della vita, e se inizi a comprenderlo capisci che nella vita non c'è un inizio e una fine, ma che tutto è trasformazione.

Ovviamente questo non vuole minimamente sottovalutare il dolore che accompagna una morte, né la paura, la rabbia, lo sconforto che prova chi sa di dover lasciare il corpo e, con esso, gli affetti più cari. Come avete letto nel precedente capitolo, sono passata anch'io attraverso lutti più o meno vicini e comprendo benissimo la devastazione e lo smarrimento che si provano quando una persona cara se ne va. In quel momento nessuna parola ci è d'aiuto, nessun abbraccio ci soddisfa, perché vorremmo solo quello della persona a noi cara protratto all'infinito e nient'altro.

So benissimo che mai più niente tornerà come prima, non ci saranno più i compleanni di prima, il Natale tutti insieme o le feste da condividere, perché una parte di me se n'è andata con la persona cara al mio cuore. Non resta altro che accettare quella rabbia, quell'impotenza e poi quel dolore. Possiamo solo accettare, accogliere e, lentamente ricomporre i pezzi, anche se siamo consapevoli che quei pezzi non saranno mai più del tutto uguali a prima.

Soltanto accogliendo tutte le emozioni che arrivano dalla perdita fisica potremo fare spazio per accogliere la nuova modalità di percezione della persona che abbiamo perso. Quando la rabbia e il dolore si placheranno un po', inizieremo a sentire che quella persona ci è vicina, ovviamente in un modo diverso, senza un corpo fisico, ma con molta energia d'amore generata da quell'affetto che nessuna morte potrà mai spezzare. Negli ultimi anni ho visto partire per quel viaggio, a noi sconosciuto, chiamato morte, molte persone a me care oltre a mia madre, e ognuna di loro ha lasciato in me dolore e vuoto, ma anche consapevolezza e presenza.

Vi chiederete dove sia la presenza nella morte. Certamente se considerate la morte come fine di tutto forse non riuscirete a trovare la presenza; se invece accettate che il corpo non è solo corpo, ma che oltre di esso c'è un'anima o un'energia superiore (se la parola anima vi disturba), comprenderete anche la presenza. Accettare che viviamo grazie alla presenza di un'energia superiore che dirige la nostra vita, compresi l'organizzazione di tutte le cellule e i sistemi del nostro corpo, ci porta a comprendere che ognuno è padrone di quel corpo che ha ricevuto alla nascita.

Diventarne padroni significa iniziare a comprendere quando quel corpo non sta bene e ci porta a riflettere sulla direzione della nostra vita in un dato momento, oppure a elaborare un'emozione rimasta per troppo tempo intrappolata dentro di noi, che ha fatto sì che poi, in maniera progressiva, la malattia o il disequilibrio avessero la meglio su noi.

Le persone che ho incontrato in questi anni, e che ora sono dentro il mio cuore, mi hanno veramente insegnato molto. Ognuna di loro mi ha donato la propria storia, pezzi di vita e di emozioni che non perderò mai e che nessuna morte potrà mai portarmi via, neppure la mia, perché tutto è registrato nella mia anima. Ognuno di loro si è congedato da me lasciandomi un messaggio.

Non potrò mai dimenticare Romano, un uomo che avevo conosciuto da poco ma che, ciononostante, mentre si preparava per il suo ultimo viaggio su questa Terra, accanto a sua figlia, mentre gli tenevo la mano, ha spalancato gli occhi e mi ha detto: «Amore mio». Lo ha fatto nel modo più dolce, come mai nessuno aveva fatto prima. Quegli occhi sono con me in ogni istante, così come tutto l'affetto e il rispetto che ci siamo scambiati nei nostri seppur brevi incontri, e so che quel tempo è stato sufficiente a ricreare quel legame ancestrale che ci unisce tutti.

Quasi contemporaneamente a lui, se n'è andata anche S.W. (questo era il modo affettuoso in cui la chiamavo) un'amica che gli aveva scritto messaggi di pronta guarigione e di supporto; proprio lei che aveva deciso di rilanciare i dadi e di fare un altro giro sul treno della vita. Aveva acquistato un biglietto a scadenza e lo sapeva benissimo, ma nel momento in cui ha deciso di salire sul quel treno ha scelto di vivere senza il limite della scadenza. Ha vissuto il suo viaggio donando a tutti noi la sua forza e la sua saggezza.

Grande donna e grande madre, ha mostrato cosa vuol dire vivere con il vento in poppa e, quando ha deciso che il vento stava cambiando, si è congedata silenziosamente mantenendo il suo atteggiamento solare anche durante questo passaggio. Ci ha insegnato come si tiene testa alla vita ed è stata un esempio per tutti noi. Alla fine mi ha salutato lasciandomi con una domanda aperta: «Sei tu che hai adottato me o io che ho adottato te?». Qualunque sia la risposta, cara S.W., quell'adozione è stato il dono più grande che io potessi ricevere.

Infine c'è Serena, una cara, dolce e giovane donna, che, a mio parere, ha lasciato che gli eventi le prendessero la mano. Lei che più di tutti comprendeva che tornare indietro era impossibile, ma che ha fatto credere a tutti noi – e forse per un po' ci hai creduto anche lei – che poteva farcela. Lei ha rinunciato alla vita per timore di non essere compresa o di essere giudicata, ha vissuto come un macigno il giudizio degli altri e a loro l'ha data vinta, rinunciando troppo presto a combattere.

Da lei ho imparato la dolcezza e la gentilezza, perché aveva una parola per tutti; non l'ho mai sentita giudicare neppure quando ne avrebbe avuto il diritto. Si è dimostrata coraggiosa fino alla fine, sì, coraggiosa, perché credo che decidere di morire lo stesso giorno in cui uno dei suoi amati figli avrebbe festeggiato il compleanno, significhi veramente trovare il coraggio nell'amore di madre per liberare i figli dalla sofferenza senza ritorno.

Queste sono soltanto alcune delle esperienze che ho vissuto accanto a persone che hanno scelto altro rispetto alla vita, ma anche quelli che non ho menzionato restano dentro di me e li avverto vicini. So che ognuno di loro continua a portare avanti la propria missione e che ha soltanto cambiato prospettiva e frequenza.

Queste vicende mi hanno aiutato a comprendere il valore della vita, a capire che spesso un corpo che si ammala sta solo cercando di comunicarci un disagio. Cerchiamo allora di rispettare il nostro corpo, viviamo la vita veramente, nella sua completa bellezza e, quando non ci sembra più così bella, fermiamoci e trasformiamola. Noi e soltanto noi siamo i padroni della nostra vita, gli autori e i registi del nostro film chiamato erroneamente destino. E il destino altro non è che la sincronicità di eventi che si intrecciano e che ci chiamano a decidere e a scegliere, attimo dopo attimo, della nostra vita.

Ognuno di noi arriva su questo pianeta dotato del dono più importante, ma spesso sottovalutato: il libero arbitrio. Se riusciamo a comprendere questo, possiamo tornare padroni della nostra vita e permetterci di cambiare i protagonisti della nostra pellicola, e anche il copione. Per cambiare il copione iniziamo a rilasciare la rabbia verso tutto quello che è esterno a noi, accogliamo le nostre emozioni e apprezziamo la nostra vera essenza senza timore di mostrare il nostro vero volto. Riconosciamo il nostro valore e poi viviamola, questa vita, così dissolveremo il timore per la morte e comprenderemo che altro non è che un'illusione.

Quante volte vi siete trovati accanto a persone che vi stavano vincolando nel vostro percorso di vita? Perché avete lasciato loro la vostra libertà? Credo che prendersi del tempo per rispondere a questa domanda sia importante. Spesso lasciamo che gli altri scelgano per noi, evitandoci così la responsabilità di un eventuale errore o fallimento. Fintanto che resteremo attaccati al giudizio, in primis verso di noi, continueremo a non vivere veramente la nostra vita e, così facendo, lasceremo anche la nostra salute in balìa degli eventi esterni.

Potreste poi proseguire con la seguente domanda: cosa vi è accaduto quando avete preso delle decisioni in prima persona, senza che altri si intromettessero nella vostra scelta? Forse siete stati criticati o giudicati, o magari qualcuno vi ha fatto sentire il peso di questa scelta a tal punto che avete rinunciato e vi siete adagiati? Se vi è capitato almeno una volta, riuscite a ritornare a quell'evento e ricordare se subito dopo il vostro corpo ha iniziato a fare i capricci, magari con un piccolo doloretto, un mal di stomaco, una stipsi, un mal di testa?

Se non vi viene in mente niente, potreste ricercare il blocco di quell'emozione mettendovi comodamente seduti, portando l'attenzione al respiro e poi riportando la mente a quel momento. Ora cercate di capire se nel vostro corpo avvertite un disagio, se il respiro è rimasto calmo oppure si è bloccato o ha accelerato. Se ripeterete questo esercizio per ogni scelta che avete lasciato agli altri, comprenderete che spesso avete delegato il vostro vivere a terze persone e vi siete allontanati dalla vostra vera essenza. Vivendo in questo modo avete rinunciato a sperimentare la ciclicità della vita e questo ha fatto sì che la morte diventasse il mostro più grande da combattere e da sconfiggere.

In realtà la morte non si può combattere, ma si può soltanto assecondare vivendo la vita con una presenza costante. Stare vicino a persone malate terminali mi ha dato la possibilità di comprendere che soltanto rilasciando la rabbia e la lotta verso un disegno più grande di noi possiamo veramente vivere appieno ogni istante che quella persona ci dona, spesso anche con un grande sforzo. Se cambiamo prospettiva e ci concentriamo sulla vita, senza lasciarci inglobare dal tempo e dagli eventi che scorrono, riusciremo a bleffare quel tempo incessante.

Restare in silenzio vicino a un caro che si sta preparando per quel passaggio, significa trasmettere amore, compassione e pace, e questo sarà il dono che lo aiuterà nel passaggio e aiuterà noi ad accettare meglio l'assenza fisica dopo. Spesso ci dibattiamo e ci prodighiamo in mille peripezie per cercare chissà quale soluzione... è umano, ma cerchiamo sempre di tenere ben presente il libero arbitrio anche dell'altra persona. Magari restare mano nella mano, sintonizzando i respiri, ci permetterebbe di trasmettere tutta la nostra presenza e la nostra compassione, e vi garantisco che questo spesso vale più di molte cure.

Comprendo che la paura, alimentata dalla rabbia, possa prendere il sopravvento, ma la paura altro non è che assenza di amore. Dunque, per poter affermare di aver vissuto fino alla fine con un vostro caro, o la vostra vita, date spazio all'emozione più importante che nasce nel vostro cuore: l'amore compassionevole. Solo così potrete dire di aver vissuto appieno la vostra vita e, quando il ciclo terminerà per poi riprendere con altre modalità, vi sentirete sereni, perché avrete vissuto con totale presenza.

RIEPILOGO DEL CAPITOLO 3:

- SEGRETO n. 1: Domandatevi quante volte vi siete trovati vicino a persone che hanno vincolato il vostro percorso di vita. Credo che non sia facile percepire subito questo vincolo, spesso ci lasciamo trasportare per un bel pezzo di strada. È capitato anche a voi? Prendere in analisi ogni singola situazione, descrivendo ogni evento, potrebbe essere d'aiuto per comprendere meglio i fatti.
- SEGRETO n. 2: Cercate di comprendere perché troppo spesso avete lasciato che gli altri scegliessero per voi. Cercate di tornare con la mente al momento in cui avete realizzato che erano altri a guidare la vostra vita e domandatevi cosa avete provato, come avete reagito e che cosa potete aver appreso di positivo da questa esperienza.
- SEGRETO n. 3: Cercate di riflettere sulle vostre scelte di vita, chiedetevi se avete mai scelto liberamente qualcosa di veramente importante. Se lo avete fatto, domandatevi com'è andata a finire, se siete stati criticati o giudicati o se avete ricevuto il giusto riconoscimento. Se qualche volta avete vissuto la critica sulla vostra pelle, provate a fare questo esercizio. Respirate a occhi chiusi e cercate l'emozione che si

è cristallizzata in voi nel momento in cui è arrivata la critica. Domandatevi in quale punto del corpo la sentite, descrivetela e tentate di dare a quell'emozione una forma e un colore. Accompagnate quell'emozione fuori dal vostro corpo respirandola: inspirate luce bianca ed espirate l'emozione fuori da voi, lentamente, fintanto che non diminuisce o scompare del tutto.

- SEGRETO n. 4: Provate a pensare a quante volte vi siete allontanati dall'amore per voi stessi, cedendo il passo alla paura. Può capitare, perché la paura è un'emozione primaria ed è una delle emozioni che più facilmente riconosciamo e accogliamo. Chiedetevi quale sia la paura più ricorrente e come cambierebbe la vostra vita se questa paura pian piano lasciasse il posto all'amore e alla fiducia in voi stessi.
- SEGRETO n. 5: Provate a chiudere gli occhi e a pensare quale sarebbe il vostro più grande rimpianto di fronte alla morte e a come potreste cambiare o risolvere questo rimpianto per superarlo.

Capitolo 4:
Come gestire il pensiero di un tradimento

Nasciamo e, nel DNA, ci imprimono: «Trova l'altra metà della tua mela» perché sei stato diviso all'origine, e da lì inizia il viaggio. Una vita intera a cercare l'anima gemella, il principe azzurro che combaci esattamente con la metà perduta. All'inizio ho avuto anche l'illusione che questa sia stata la missione più divertente che mi potesse capitare in questa vita, ma con il tempo e con molti graffi nell'anima ho compreso che non è proprio così.

Mi volto e osservo ogni relazione vissuta e finita, mi accorgo che hanno tutte un comune denominatore: il tradimento; ma non mi sento amareggiata da questo, vorrei solo capire il perché. Cosa c'è che non va in me che induce l'altro a cercare altrove qualcosa che forse non ho? Quando inizia il tradimento e chi tradisce chi? E perché tutte le relazioni portano con sé promesse che consegnano l'arma del tradimento?

Quella che dovrebbe essere una relazione dove i cuori e i corpi si uniscono e si fondono nella libertà di rinnovare ogni attimo la promessa della scelta, si trasforma presto in un campo di battaglia dove la libertà lascia il posto alle catene dell'abitudine, e la scelta diventa un obbligo. Osservando questo scenario ripetersi di volta in volta non ho potuto fare altro che fermare questa danza frenetica e riflettere.

Nel momento in cui ho concesso alla parte più intima di me di emergere, ho riconosciuto la prima persona che mi ha tradito: me stessa. Mi sono tradita quando ho rinunciato a me e alla mia verità, quando non mi sono ascoltata, quando non mi sono fatta rispettare per chissà quali timori, consegnando all'altro il compito di mostrarmi ciò che in realtà stavo facendo a me stessa.

Fintanto che mi sono percepita metà, ho dato all'altra parte mancante il compito di farmi sentire incompleta e imperfetta, bisognosa di qualcuno o qualcosa che mi completasse. Siamo stati cresciuti nell'idea di dover cercare l'altra metà della mela, spaventati dall'idea che, nel momento della creazione, maschio e femmina, in origine uniti, siano stati divisi, e questo ci ha portato all'affannosa ricerca dell'altra parte, impedendo di viverci come mela intera.

Ora so di essere una persona intera, un Tao in equilibrio tra maschile e femminile, ora nessuno potrà tradirmi, perché ho smesso di tradire me stessa. Ora non potrà più ferirmi l'amico che apparentemente delude chissà quale aspettativa, perché il mio essere intera mi dà il permesso di chiedere senza aspettare, accettando qualunque risposta. Ora non potrà più tradirmi l'amato, soltanto perché andrà a mischiare istinti primordiali con un altro essere, alla ricerca di conferme che non ha mai ricevuto da se stesso. Ora mi concedo di dire no, sapendo che essere integra mi libera dalla paura della solitudine e dall'obbligo di sottostare a false prigioni costruite dalla mia mente.

Ringrazio tutti gli amici e tutti gli amori a cui ho dato questo potere per avermi insegnato la lezione, e auguro loro di ritrovarsi mela intera, rilasciando il bisogno malato di tradire solo apparentemente l'altro, ma in primis se stessi.

Questa storia del cuore porta ognuno di noi ad analizzare

un'esperienza di vita spesso sottovalutata. Iniziamo dall'analisi dell'etimologia della parola "tradire": *tra-dì-re* cioè venire meno a un patto, dal latino *tradere* composto da *tra* (oltre) e *dare* (consegnare). Consegnare al nemico, venire meno alla responsabilità negando all'altro la protezione a cui si affidava. Se il tradimento è questo, sarebbe interessante risalire al primo istante in cui abbiamo sancito il patto, comprendere cosa abbiamo dato di nostro e a chi abbiamo richiesto o promesso protezione.

Cercherò di riportare queste domande alla vita quotidiana, visionando le varie relazioni che mi hanno condotto a esperire il tradimento. Analizzando una qualsiasi relazione sentimentale, inizio a comprendere che ogni volta c'è stato un tacito patto, o una promessa, che mi faceva sentire legata all'altro, promettendo amore in cambio di protezione, o di qualcosa di simile che ritenevo mancante in me. Questo meccanismo ha fatto sì che rimanessi sempre più vincolata in quella relazione, perché apparentemente soltanto attraverso quel vincolo avrei potuto ricevere in cambio ciò di cui ritenevo di aver bisogno.

Nel fare questo, ho anche iniziato a creare proiezioni e

idealizzazioni verso la persona con la quale avevo deciso di instaurare la relazione. Questo mi ha portato a perdere di vista la visione reale dell'altro, e anche la mia, e a spostare l'attenzione su progetti utopici e unilaterali, che non si sono mai compiuti, spesso perché non ho avuto neppure il coraggio di comunicarli chiaramente all'altro, nel timore di ricevere un rifiuto.

Così facendo, molto spesso mi sono fatta carico di compiti gravosi che non spettavano a me, nella speranza di essere finalmente vista nei miei bisogni e nelle mie fragilità, ma anche questa aspettativa è stata quasi sempre delusa. Ogni volta il tempo scorreva incessante e il senso di delusione si faceva sentire sempre di più, alimentando una rabbia interiore che creava distacco emotivo e portava la storia verso la fine. Oggi credo che per mettere la parola fine ci voglia coraggio, ma anche tanta stabilità e, a giudicare da quanto descritto sopra, la stabilità era proprio l'elemento mancante di tutte le mie storie.

Dunque, come si poteva creare la rottura se non attivando la solita routine che consegnava a me la chiave per chiudere, dandomi anche l'apparente ruolo di vittima che agevolava il tutto, se non mettendo in moto il meccanismo del tradimento? Ogni volta lo stesso copione, e ogni volta un apparente e momentaneo senso di sollievo seguito dallo svilimento di tutte quelle virtù che una donna dovrebbe acquisire e mantenere.

Tornando al patto che fornisce protezione a fronte di qualcosa in cambio, dopo svariate storie sentimentali e di amicizia concluse allo stesso modo, ho sentito la necessità di comprendere tutto questo meccanismo. Fintanto che ho continuato a osservare il tutto con gli occhi di chi è stato offeso e deluso, non sono riuscita a comprenderne il perché. Nel momento in cui ho spostato la visione, ampliando il campo di osservazione, mi sono resa conto che quel tacito patto vincolante era soltanto tra me e me.

Sono stata io a costruire tutto questo meccanismo al fine di essere notata e accettata, soltanto perché non mi ritenevo adeguata e all'altezza di chiedere ciò che in realtà mi sarebbe spettato. Così facendo, mi sono messa in una posizione di servilismo verso l'altro, in cambio di qualcosa che forse non avevo neppure io ben chiaro cosa fosse, ma che ritenevo mancante in me, fintanto che questa modalità non mi portava ogni volta ad annullare completamente il mio essere e a perdere di vista il percorso vero della mia anima che, a un certo punto, si ribellava e attivava l'unica via d'uscita conosciuta: il tradimento.

Oggi posso affermare con lealtà che quel tradimento è stato perpetrato soltanto da me; l'unica vera responsabile, che ha tradito se stessa, sono io. Ho permesso alla mia bassa autostima di farmi cercare fuori da me stessa cose che in realtà avevo già dentro di me. Ho permesso ad altri di ferirmi e di non rispettarmi soltanto perché credevo di meritare veramente poco. Entrare nell'energia del bisogno forma su ognuno di noi una sorta di pellicola appiccicosa che porta gli altri ad attivare un meccanismo di repulsione. Credo che dovremmo sostituire il bisogno con l'energia del meritare.

Il lavoro fatto su me stessa mi ha permesso di capire che tutte queste convinzioni non erano soltanto state create da me in questa vita, ma erano giunte a me anche attraverso memorie genetiche impresse nel mio DNA, che porta con sé la storia e le convinzioni limitanti e depotenzianti dei miei antenati fino a sette generazioni passate. Riconoscendo questo attraverso le tecniche che ora uso quotidianamente nel mio studio, durante le sessioni individuali con i senzienti, sono riuscita ad andare oltre il ruolo di vittima, mi sono ripresa la mia autostima e finalmente sono libera da questo tranello che mi ha tenuto in gabbia per troppo tempo, consapevole di essere io e soltanto io colei che decide, che sceglie e che crea la propria realtà quotidiana.

Volete sapere come ho fatto a prendere veramente visione di tutto quello che si stava ripetendo nella mia vita e a diventare consapevole che soltanto io lo avevo attivato? Per prima cosa ho iniziato a fare una lista di tutte le volte in cui in cui mi ero trovata alle prese con il tradimento. Perciò potreste provare anche voi a compilare la vostra lista; non ha importanza se il tradimento lo avete inflitto a qualcuno o lo avete subìto, sappiate che il risultato non cambia.

Dopo aver stilato questa lista, prendetevi un po' di tempo per riflettere su ciò che è arrivato alla vostra mente, poi cercate di trovare un comune denominatore, qualcosa che si è ripetuto quasi ogni volta. Prendetene nota, perché in seguito sarà importante per comprenderne l'utilità. Anche se in un primo momento vi potrebbe sembrare che non ci sia niente di utile nel tradire, e tanto meno nell'essere tradito, vi posso dire, per esperienza abbastanza ampia, che se sarete veramente onesti con voi stessi l'utilità verrà fuori.

Per parte mia, dal tradimento ho appreso come essere fedele a me stessa, come iniziare a scoprire l'amore compassionevole che porta a rilasciare la rabbia o il rancore verso chi ci ha traditi, liberandolo da un'energia che alla fine fa soltanto male a chi la prova, perché trattiene la persona in un passato che ormai non ha più motivo di esistere. Ho anche imparato a comprendere e ampliare le mie potenzialità e la mia autostima; nel momento in cui ho visto che cosa stavo ossessivamente cercando nell'altro, ho compreso che in realtà quella ricerca avrei dovuto condurla dentro di me e, così facendo, ho trovato molte potenzialità che temevo di scorgere.

Può sembrarvi strano il timore di scorgere delle potenzialità, ma in realtà è molto comune, perché quando comprendi che sei dotato di tutto l'occorrente, in realtà non hai più alibi che ti concedano di evitare la tua realizzazione. Da quel momento scopri di essere l'unico artefice del tuo destino, nel bene e nel male, e guardandoti allo specchio non potrai fare altro che scegliere quotidianamente come creare il tuo futuro.

Cercate di elencare tutte le virtù apprese dal tradimento, consapevolizzandovi di quelle che ormai sono dentro di voi, senza più dovere continuare a tradirvi. Provate anche a scrivere delle frasi in cui elencate cosa avete ricevuto dalle persone che vi hanno tradito. Nel redigere questo elenco vi verrà sicuramente spontaneo scrivere: «Lui/lei mi ha fatto le corna»; «Lui/lei mi ha mentito»; «È tutta colpa sua» ecc. Quando l'elenco sarà completo, cosa che accadrà quando avrete davvero messo per scritto tutto ciò che vi sembra di aver subìto, riprendete quelle frasi e trasformatele così: «Io ho concesso a lui/lei di farmi le corna»; «Io ho concesso a lui/lei di mentirmi»; «Non esiste colpa, comprendo la legge del libero arbitrio» e così via.

Questo vi darà nuovamente in mano il potere della vostra vita. Nel momento in cui date a un'altra persona il potere di farvi qualcosa, quella persona potrà esercitarlo in ogni istante, a suo piacimento. Se invece siete voi a esercitare il potere sulla vostra vita, affermando che voi stessi avete dato a quella persona il permesso di farvi del male, farete cessare quel potere quando riterrete di non voler fare più quella data esperienza e libererete la persona dal compito di continuare ad agire male nei vostri confronti.

Riprendere in mano il potere della nostra vita e delle nostre azioni interrompe il ciclo del tradimento che attiviamo verso noi stessi e ci porta alla consapevolezza del nostro potenziale.

RIEPILOGO DEL CAPITOLO 4:

- SEGRETO n. 1: Cercate di fare una lista di tutte le esperienze di tradimento e individuate un comune denominatore che le unisca. Spesso la ripetizione termina nel momento in cui si comprende il motivo che ha generato l'esperienza stessa. Trovare un comune denominatore può non essere semplice, ma aiuta a comprendere e a porre definitivamente fine all'esperienza.

- SEGRETO n. 2: Comprendere quale sia stata l'utilità di ogni tradimento e il motivo per cui abbiamo indossato la maschera del traditore o della vittima aiuta a rilasciare la rabbia verso la situazione e verso le persone in essa coinvolte, anche se la rabbia maggiore da rilasciare è proprio quella verso noi stessi. Provate anche a pensare a quali virtù avete acquisito mentre vivevate l'esperienza del tradimento. Non è semplice staccare la mente dall'offesa e/o dall'umiliazione che abbiamo pensato di subire, ma se riuscirete ad andare oltre, arriveranno anche le virtù maturate (pazienza, forza, dedizione, calma, fermezza ecc.).

- SEGRETO n. 3: Tornando con la mente all'esperienza del tradimento, fate un elenco di frasi in cui descrivete che cosa vi ha fatto subire l'altro (ad esempio «lui/lei mi ha tradito/a»). L'elenco dovrà contenere tutto ciò che ritenete di aver subìto.

- SEGRETO n. 4: Ora trasformate ogni frase sopra elencata, ad esempio «lui/lei mi ha tradita/o» in «io gli/le ho concesso di tradirmi». Poi leggetele nella nuova versione e completatele: ad esempio, «io gli/le ho concesso di tradirmi nel momento in cui ho accettato le sue regole senza controbattere». È un esercizio molto utile per riprendere in mano il vostro potere personale.

- SEGRETO n. 5: Ora che vi siete alleggeriti da un po' di emozioni cristallizzate, cercate il primo momento in cui avete tradito voi stessi contravvenendo al vostro vero essere, poi scrivete alcune frasi che vi facciano comprendere che avete il pieno potere su di voi: ad esempio, «io valgo», «io posso avere successo», «io so come avere successo senza più temere critiche o giudizi» e così via.

Capitolo 5:
Come imparare ad accettare il proprio passato

Come nell'estrazione di una lotteria, le palline ruotano fintanto che una non cade giù. È la prescelta, è sincronicità. Per noi è scesa la pallina blu con su scritto 13. Questo numero rappresenta inizio e fine, gioia e dolore, vita e morte, paura e sicurezza. Il 13 gira intorno alle nostre vite come una stella gira intorno al sole per carpirne la luce, ma anche per mostrare nel buio il suo bagliore, oppure soltanto l'intensità del buio.

Contiene ogni elemento e ogni direzione e, come la Stella Polare, ci guida influenzando la nostra strada. Se non opporremo resistenza ci condurrà al sole, se ci faremo prendere dal dubbio maligno e bugiardo ci farà schiantare come una meteora impazzita e poi niente sarà più come prima.

Il caos tornerà a regnare e non basterà questa vita per riallineare tutti gli elementi che hanno sovvertito l'equilibrio creando il dubbio che conduce all'inevitabile caos. Ora vortici paurosi e mostri creati dalla mente si stanno allontanando. Lasciate andare qualsiasi cosa vi faccia sentire costretti o imprigionati in situazioni che non vi appartengono più.

Il tempo si evolve e voi evolvete con esso. Se pensate di andare avanti volgendo lo sguardo indietro, resterete intrappolati nel caos della mente senza raggiungere il vero centro. Seguite l'intuito e lasciate andare la ragione, la vera via è già disegnata, per chi sceglierà di voltarsi ancora una volta non ci sarà più tempo né scelta. Se restate indietro sarete risucchiati dalla corrente che vi farà involvere. Siate fluidi e lasciate che sia, così come la pallina blu si è lasciata cadere compiendo il suo destino.

Nel momento in cui mollerete la presa, tutto sarà. Tutto arriverà e sarà facile, riconoscere la vostra casa, dalla profondità del mare alla vetta più alta, sarete affiancati dai vostri compagni di viaggio, quelli legati a voi da un filo sottile e impercettibile che fa tremare il cuore e annulla il tempo. A ogni incontro comprenderete che quei compagni sono anime antiche che hanno sempre vissuto accanto a voi, alle quali potrete finalmente affidarvi. Gli scogli sono fatti per riposare, non per restarci aggrappati collezionando ferite inferte da quel mare che, incessante, smuove onde ed emozioni.

Sedetevi sullo scoglio e osservate l'immensità del mare, perdetevi nell'infinito fino a quando non vi percepirete parte di esso, danzate la musica della sincronicità e lasciate che sia quello che già è. Su di voi tutto è già stato scritto molto tempo fa, ma vi rifiutate di vederlo, la vera potenza spesso spaventa! Se lascerete che il cuore riconosca la vostra vera natura divina, potrà giungere a voi l'aquila a togliere il velo dell'illusione, e finalmente potrete volare senza più il peso dell'ignoranza, senza più caos, consapevoli di appartenere a tutte queste meraviglie chiamate universo. Non vi è più dato di rimandare né di voltarvi, giunti sulla vetta tutto sarà Uno, tutto sarà luce, la mente svanirà e il disegno antico si potrà manifestare.

Fin dai tempi più remoti abbiamo lasciato che termini come "destino" o "fato" ci togliessero il nostro vero potere personale. Credo che pensare che la nostra vita sia vincolata a un destino ineluttabile sia veramente il peggior limite che mai potremmo accettare. Il termine destino imprime in noi una sorta di blocco potente contro il quale niente e nessuno potrà mai contravvenire. Ma siamo veramente certi che la nostra vita sia soltanto questo, oppure pensiamo di essere molto più di un qualcosa di predefinito?

Crediamo veramente di essere svincolati da tutti gli eventi che si manifestano nella nostra vita accettando, in questo modo, passivamente il nostro destino, oppure pensiamo che ci sia qualcosa che fa sì che dentro di noi richiami un dato evento, attivando energie a noi spesso sconosciute? Se fosse così, io sarei l'artefice del mio destino o il direttore supremo delle mie forze interiori che si predispongono insieme all'energia che mi circonda per far sì che eventi sincronici giungano a me, aiutandomi ad assecondare il mio vero percorso?

Qualcuno si potrebbe chiedere: ma tutte queste forze o energie interiori, che sono dentro di me e cooperano apparentemente a mia insaputa, dove si trovano? C.G. Jung affermava: «Rendi cosciente l'inconscio, altrimenti sarà l'inconscio a guidare la tua vita e tu lo chiamerai destino». Se volessi definire in maniera semplice il mio inconscio, potrei descriverlo come quella parte di me che vive e si nutre di emozioni, il mio "Io bambino", che inizia a prendere forma già dal concepimento, assorbendo come una spugna sentimenti e credenze. Se il mio inconscio si sarà nutrito di emozioni positive come amore, serenità e rispetto, in seguito farà sì che io possa crescere serenamente e con successo, attraendo a me relazioni facili all'insegna dell'amore, una carriera lavorativa appagante, una vita dove il rispetto e la lealtà siano alla base di ogni relazione.

Ma se quell'"Io bambino", o inconscio, sarà stato nutrito da poco amore, serenità o rispetto, se avrà vissuto situazioni dove è stato giudicato o criticato dalle figure che riteneva autorevoli, come genitori, parenti, insegnanti, datori di lavoro ecc., certamente da grande ripeterà uno schema di vita al di sotto delle sue possibilità, attribuendone la colpa ad altri, alla sfortuna o al destino. Quando iniziamo a divenire coscienti che, soltanto ricontattando quell'"Io bambino" e riorganizzando le sue credenze da negative a positive potremo finalmente svincolarci dalla credenza iniziale di essere stati concepiti con un abito predefinito chiamato destino, allora potremo riprendere in mano la nostra vita per accompagnarla sulla vetta del successo, attraverso le onde meravigliose della sincronicità che operano affinché tutto sia al meglio per noi.

Nella vita mi sono imbattuta molto spesso in ciò che chiamavo "destino", che puntualmente si ripeteva ineluttabile, sia nel lavoro, sia nelle relazioni personali e sentimentali. Fintanto che ho continuato a puntare lo sguardo su tutti gli eventi basandomi sulla visuale ristretta del non poter fare niente per cambiare ciò che vivevo, ho continuato a ripeterlo. Spesso mi sono cullata – e consolata – nella scusa della sfortuna, volgendo il mio sguardo al passato e restando ancorata a esso per timore di lasciarlo scorrere via.

Ma ogni volta quel passato e quel ruolo di donna sfortunata lasciavano dentro di me profonde ferite, difficili da rimarginare, che alimentavano il mio senso di incapacità e di auto svalutazione. Vedevo quel passato come unica salvezza, ero convinta che, fintanto che rimanevo aggrappata a quello che apparentemente avevo subìto, non si sarebbe riproposto nella mia vita. Mai errore è stato più grave e doloroso. Mi sono opposta a ciò che arrivava di nuovo usando l'arte del controllo, che mi dava un senso di sicurezza che mai avrei abbandonato, perché tenere gli eventi sotto controllo, impedendo al nuovo di entrare, era l'unica via di salvezza.

Ho fatto questo per molto tempo poi, stremata e disillusa da tutto e da tutti, ho deciso di reagire e mi sono messa a guardare attraverso la finestra del mio passato. Non è stato un bel vedere, lo confesso, soprattutto quando mi sono resa conto che quel controllare tutto, appreso magistralmente nel corso degli anni, non aveva fatto altro che attirare nella mia vita eventi da controllare. Anche il non sentirmi mai completamente all'altezza aveva fatto sì che sul mio percorso fossero state messe persone che avevano contribuito a rafforzare questo dubbio, svilendomi e apparentemente sottraendomi l'autostima.

Non vi dico quale scenario sia passato davanti a me quando, dietro quella finestra sul passato, sono iniziate ad apparire le immagini delle relazioni sentimentali. Io, che fino a quel momento mi ero crogiolata nel ruolo di vittima reattiva, cioè una vittima che all'apparenza cerca di mascherare il suo ruolo mostrandosi forte, ho dovuto comprendere che quello che ora chiamo "Io bambino" o subconscio aveva fatto un gran bel lavoro e aveva dovuto faticare non poco per mostrarmi che lo avevo caricato di convinzioni depotenzianti.

Avevo insegnato alla parte interiore di me a vivere mostrandosi forte, con poca autostima e molto controllo, e che era poco meritevole di amore, e quella mi rimandava continuamente, come uno specchio, relazioni in cui dovevo controllare tutto, come ad esempio un compagno che sottraeva di nascosto soldi all'azienda in cui entrambi lavoravamo, oppure che usava la violenza come risposta alle mie prese di posizione, in cui io peraltro sfoggiavo forza e arroganza con l'incoscienza di una giovane donna ferita, arrabbiata e disillusa in tutti i suoi sogni.

Quel volermi dimostrare forte si autoalimentava quotidianamente e mi ha accompagnato come un amico fedele per tutta la vita. Quando quella forza veniva meno, cercavo appoggio, ma evidentemente le mie credenze limitanti ritenevano che appoggiarsi a qualcuno facesse perdere la forza acquisita, e infatti l'unica risposta che mi veniva costantemente data era: «Tu sei forte, ce la puoi fare tranquillamente». Sicuramente ce l'ho fatta, se sono qui a scrivere, ma ciò non toglie che riuscirci agendo di forza faccia perdere una gran parte di vita, perché mentre si è forti si dimentica che si è anche vivi, magari anche giovani, e che si può vivere con più leggerezza.

Non so se a oggi ho rilasciato veramente tutte queste modalità depotenzianti, ma sicuramente posso affermare che le ho ridimensionate molto e le continuo a monitorare per sedarle appena si riaffacciano. Oggi mi concedo di guardare allo scoglio della storia del cuore come un luogo dove riposare e prendere fiato e non come qualcosa a cui aggrapparsi insistentemente nel tentativo di fermare le onde del mare.

Oggi accetto ogni evento come dono e non oppongo resistenza alla sincronicità della vita. Lascio quell'"Io bambino" libero di correre e di giocare con tutte quelle forze che sono accanto a noi, creando veramente il meglio nella mia vita. E voi, quante volte vi siete rassegnati al vostro destino nella convinzione di non poter far niente per cambiarlo? Quante volte avete ripetuto i soliti schemi, accumulando dolore e frustrazione e anche una sottile sensazione di impotenza che poi si è estesa anche ad altri ambiti della vostra vita? Osservando quel destino adesso, provate a chiedervi che cosa volesse mostrarvi il subconscio. Quante volte avete fatto resistenza a eventi sincronici della vita, magari sottovalutandoli o ritenendoli mero "caso"?

Credere nel destino fa sì che ognuno di noi si spogli del ruolo principale nella propria vita, rinunciando a viverla e facendo in modo che sia la vita a vivere al suo posto. Volgere lo sguardo al passato contribuisce a non creare un futuro veramente degno di tutto il nostro potenziale interiore; invece, accettare la sincronicità fa sì che la nostra vita inizi a brillare senza più temere quella luce che splende dentro ognuno di noi.

RIEPILOGO DEL CAPITOLO 5:

- SEGRETO n. 1: Provate a pensare a quante volte vi siete rassegnati al destino, certi che niente avrebbe potuto cambiarlo. Ovviamente parlo del vostro destino, perché nessuno può modificare la vita degli altri, perciò, se quel destino coinvolgeva altre persone, cercate di comprendere il vostro ruolo analizzando solo il vostro vissuto. Se avete vissuto una storia in cui non avevate il pieno controllo della situazione e le cose non sono andate come volevate, cercate di capire perché avete scelto quel gruppo di persone, o quella persona, per condividere il vostro progetto.
- SEGRETO n. 2: Domandatevi se vi è capitato di vedere ripetersi lo stesso destino, accumulando frustrazione e senso di impotenza, oppure se avete imparato subito la lezione, come vi siete sentiti e cosa vi ha precluso. Spesso ci ostiniamo a ripetere lo stesso schema esonerandoci dalla responsabilità degli eventi e incolpando il destino di ogni nostra sventura. Fare questo porta soltanto ad accumulare frustrazione e a perdere fiducia in se stessi.
- SEGRETO n. 3: Cercate di ricordare eventi che apparentemente avete sottovalutato catalogandoli come mero

"caso" ma che, alla luce di oggi, potreste attribuire a sincronicità. Se aveste considerato quell'evento come sincronico, come sarebbe cambiata la vostra vita?

- SEGRETO n. 4: Chiedetevi se oggi riuscite a osservare il passato accettandolo dentro di voi come esperienza utile alla crescita o se restate ancorati a tutto ciò che è passato precludendoti un futuro diverso.
- SEGRETO n. 5: Immaginate di vivere accettando di essere guidati dal vostro "Io bambino" e domandatevi quali timori avreste.

Capitolo 6:
Come accettare veramente se stessi

Il lupo osserva dalla roccia più alta l'aquila in volo pensando che, da quel punto, il suo panorama sia lo stesso di quello dell'aquila. Davanti a lui orizzonti ampi, quasi infiniti e poi la nitidezza dei contorni delle montagne. Da quel punto può osservare la natura sottostante, il cielo e anche le nuvole. Si sente privilegiato, si sente di poter fare ed essere tutto. Lui, solo e libero, in grado di raggiungere vette altissime e orizzonti immensi.

Dalla sua prospettiva, l'aquila pensa di essere privilegiata, lei che ha il dono di volare oltre qualsiasi vetta senza percepire contorni limitanti, lei che può volare verso il sole senza mai distogliere lo sguardo, lei che tutto può, così regale e così maestosa. Sicuramente si sente privilegiata, perché lei tutto può.

Dalla sua prospettiva, anche la vetta della montagna più alta crede di essere privilegiata rispetto al lupo e all'aquila. Lei ha la vera visione, le sue vette raggiungono e sfiorano il cielo, la sua base è perfettamente stabile e ancorata a Madre Terra. Chi meglio di lei conosce la maestosità, l'imponenza e la stabilità, chi meglio di lei porta dentro la saggezza antica dei tempi remoti.

Ma anche il più piccolo filo d'erba che cresce sulla vetta più alta dalla sua prospettiva pensa di essere unico e ineguagliabile. Lui che pianta le sue radici nella roccia, che svetta verso il cielo e in più offre se stesso come nutrimento a tutti gli animali che popolano la montagna. Che sia il filo d'erba la creatura divina prescelta, che incarna nella sua totalità tutti i requisiti universali?

Ognuno di loro non esiterebbe a ritenersi tale. Fintanto che la competizione e l'ego prevarranno in loro, non comprenderanno la loro unicità, non potranno capire che l'uno non avrebbe vita senza l'altro. Il lupo si sente forte osservando l'aquila ma, se l'aquila non esistesse, il lupo non avrebbe un confronto, così come l'aquila non potrebbe comprendere la sua regalità senza il lupo e senza la montagna. La montagna senza il lupo e l'aquila si sentirebbe inutile e il filo d'erba non avrebbe vita senza di essa. Ognuno di loro è unico e maestoso nella propria natura.

Che tu ti senta lupo, aquila, roccia, cielo o filo d'erba, senza quel Dio o Forza Universale che tutto circonda e tutto è, non saresti niente. Qualsiasi essere tu ti senta, il tuo sentire sarà mutevole e passeggero. Soltanto quando arriverai veramente a sentirti parte del tutto, e riconoscerai in te il divino che ti circonda, ti avvolge e ti crea, sarai finalmente nel tuo vero centro, staccato dagli eccessi dell'ego beffardo. Lì sperimenterai qualsiasi stato, nella quiete più completa, vivrai voli infiniti e sarai libero di riconoscere le tue vere radici.

Ti sentirai nutrimento e percepirai il vero significato di essere nutrito, sarai branco o lupo solitario, sarai roccia, aria e mille altri stati allo stesso tempo, senza opporre più resistenza. Quando comprenderai consapevolmente che sei, che esisti in Dio, come Dio, tramite Dio, in quel preciso istante cesserà la distinzione dal tutto e comprenderai che tu sei tutto e che il tutto è in te... Buon viaggio!

Questa storia del cuore mi riporta alla mente tutte le mie evoluzioni e anche le mie involuzioni. Quante volte mi sono alzata la mattina sentendo dentro di me una forte energia e una sicurezza che mi dava la certezza di poter vivere la giornata senza il benché minimo sforzo. Sapevo che niente e nessuno mi avrebbe fermato nei miei progetti, uscivo di casa con una carica da guerriera imbattuta e sicuramente in quel momento avrei potuto affermare di comprendere appieno la potenza dell'aquila.

La giornata scorreva e, gradualmente, quella potenza diminuiva, ma inizialmente dentro di me c'era sempre l'idea di essere come l'aquila. Con il passare delle ore, mi rendevo conto che tutta quella potenza si era imbattuta e scontrata con una montagna, e che la meglio l'aveva sicuramente avuta la roccia. Tornavo a casa nello svilimento più assoluto e tutta la mia vita mi appariva enorme e difficile. Mi sentivo una piccola formica che doveva raggiungere il gruppo per poter sopravvivere, ma il gruppo era sulla cima del monte e, per arrivare fin lì, doveva trascinare con sé anche tutto quello che sarebbe stato necessario per affrontare il viaggio.

Alla sola immagine di tutto quanto descritto sopra, mi lasciavo cadere inerme sul letto e iniziavo immediatamente a ridimensionare tutti i progetti, adattandoli a una piccola formica sola e senza forze. La mattina dopo mi alzavo rassegnata, pronta a vivere una giornata priva di qualsiasi bellezza o slancio, e questo andava avanti per molti giorni, fintanto che la formica iniziava a sentire che dentro di lei qualcosa si muoveva, che la prospettiva cambiava e che l'immagine tornava a essere più reale. In quell'istante la formica svaniva dalla mia mente per fare nuovamente spazio a tutti i progetti archiviati.

La percezione della mia autostima tornava a crescere, facendomi sentire dentro la potenza e la regalità dell'aquila guerriera. Osservavo il mondo da una prospettiva più ampia, senza portare dentro il ricordo di quella formica e neppure il motivo per cui da aquila fossi divenuta formica. Volavo alta su tutto e tutti, e da quella prospettiva osservavo soltanto quello che si trovava a quell'altezza, tutto il mondo sottostante, tutto ciò che apparentemente era più in basso o più piccolo non attirava il mio sguardo. Ma, nel fare ciò, ritenevo che soltanto la mia prospettiva fosse la migliore, finché non andavo a sbattere nuovamente in qualcosa di più grande di me. Da lì si riattivava tutto il ciclo inverso, fino ad arrivare a percepirmi ancora meno di quella formica. Ogni volta la sensazione di svilimento era maggiore e la percezione di me stessa minore.

Di nuovo tutti i progetti sfumavano, lasciando spazio soltanto al grigio e alla noia che contornavano una vita di rassegnazione. Questa modalità aveva creato in me l'accettazione della sfida a vivere la vita passando da grandi slanci, verso progetti anche al di sopra delle mie capacità, ad altrettanto grandi delusioni, che producevano e alimentavano soltanto fallimento e frustrazione. Vivere la vita come una sfida, percependosi come un guerriero, ha fatto sì che il mondo mi fornisse tutte le sfide per sentirmi guerriero, ma ho compreso che sotto l'armatura c'era qualcosa che andava oltre il guerriero e che la grinta del combattente aveva lasciato il posto alla stanchezza, alla rinuncia alla sfida.

Compreso questo, ho iniziato a vedere la bellezza della vita con occhi più compassionevoli. La parte fondamentale credo sia stata riuscire a guardarmi con occhi compassionevoli, abbandonando giudizio e colpa. Da quel momento ho iniziato a percepire il bello in tutte le sue forme, senza più distinzione tra piccolo e grande, tra ciò che apparentemente era più potente o più debole. Grazie a questa nuova visione, acquisita con molta introspezione e con molti dialoghi privati con quell'"Io bambino" conosciuto nel capitolo precedente, ora so che tutte le potenzialità personali e anche tutti gli opposti di quelle potenzialità sono dentro di me, e ognuno di essi è utile per tenere in equilibrio la prospettiva globale di questo viaggio chiamato vita.

Quante volte ci è capitato di vivere sfidando qualsiasi evento e, nel farlo, sicuramente ci siamo discostati dal nostro progetto e dalla nostra vera natura. Spesso abbiamo sperimentato la frustrazione del fallimento, e ogni volta la ferita bruciava sempre di più. Abbiamo lenito quel dolore lasciando svanire in un silenzio l'urlo di vendetta, lo abbiamo coperto con la benda della rinuncia e abbiamo accettato di vivere sottovoce, per timore che la fasciatura lasciasse intravedere che cosa si celava sotto.

Quanti sogni o progetti lasciati morire con la scusa che "gli altri sono più preparati" oppure che "non posso farcela, non sono capace". Quanti tradimenti abbiamo inflitto a quell'inconscio che conosceva benissimo il proprio valore, ma accettava tacitamente la scusa del paragone con gli altri, che apparentemente erano sempre migliori di noi. Magari alcune volte ci siamo anche sentiti i migliori, ma tutto questo è stato smontato presto perché, sentendoci superiori, abbiamo perso di vista chi ci stava vicino.

Abbiamo talmente difeso i nostri progetti da non mostrarli neppure a chi avrebbe potuto aiutarci, per timore di non essere all'altezza o di non reggere il confronto. Abbiamo talmente tutelato quei progetti che non li abbiamo fatti nascere né tantomeno crescere; li abbiamo fatti ingurgitare da un Ego ingannevole, che lottava continuamente contro tutto e contro tutti, ma che in realtà stava soltanto esercitando una lenta distruzione del nostro sogno.

RIEPILOGO DEL CAPITOLO 6:

- SEGRETO n. 1: Provate a pensare a quante volte avete sfidato la vita senza comprendere neppure bene contro chi lottavate, quante volte avete avuto l'impressione di aver vinto e quante di aver perso.
- SEGRETO n. 2: Domandatevi se vi è capitato di dover fare i conti con lo svilimento, il fallimento, l'inadeguatezza e la frustrazione dopo la sfida.
- SEGRETO n. 3: Riportate alla mente il modo che avete usato per ritrovare la forza di riprendere un progetto, oppure se non siete riusciti a rimettervi in piedi e il vostro progetto è rimasto bloccato, creando ancora più frustrazione dentro di voi. Spesso ci nascondiamo dietro il "non posso, non sono capace, non ho tempo", pur di non metterci nuovamente alla prova, per timore di incontrare il fallimento o il giudizio negativo degli altri.
- SEGRETO n. 4: Chiedetevi se vi siete mai trovati a non condividere un vostro progetto per timore di non essere all'altezza degli altri. Ora, analizzando la situazione, domandatevi se avreste ottenuto risultati diversi se aveste avuto il coraggio di andare oltre il timore e aveste coinvolto altre persone nel vostro progetto.

- SEGRETO n. 5: Ora che avete compreso che tutto dipende da come voi stessi vi percepite, e che non c'è né distinzione né lotta con nessuno, provate a immaginare come realizzereste il vostro prossimo progetto. Ricordate che molto spesso il giudice più severo è dentro di noi e non nelle altre persone. Rilasciare il giudizio su voi stessi, accettando la vostra perfezione, potrebbe rendere tutto più semplice.

Capitolo 7:
Come diventare artefici del proprio destino

Questo senso di smarrimento e di angoscia appartiene all'attimo precedente l'incontro. La paura di non essere riconosciuto e accettato ti blocca, questo è il tuo dubbio più grande, l'ultima prova, ma saprai superare anche quest'ultimo ostacolo. Finalmente sei arrivato fin qui, oltrepassando qualsiasi spazio e tempo, pronto per riconoscere il luogo dove tutto ha avuto origine molto tempo fa.

Non è importante per te sapere se il luogo da cui tutto ha avuto origine sia lo stesso, l'importante e che tu sia arrivato qui, nel momento in cui tutte le energie sono disposte e predisposte ad accoglierti. Le sfere intorno a te ti potranno sembrano tante o poche, ma questo ora non ha importanza, quelle sfere sono soltanto una parte di tutta l'energia che l'universo sta catalizzando su di te.

Il tuo portale di luce ora è aperto, sei pronto a ricevere qualsiasi informazione ti faccia nuovamente tornare alla pura consapevolezza. Soltanto un leggero velo, trattenuto debolmente dalla paura di scorgere chi sei veramente, sta celando l'ultima verità. La tua paura sta rallentando i piani, ma ora non è importante questo, il tempo è soltanto il prodotto opinabile di una mente che teme la sua grandezza, dunque rallenta pure, il disegno non cambierà.

Quando permetterai a tutte le sfere di riunirsi in te, tornando a essere un'unica entità, tutto arriverà senza più interruzioni. Procedi sicuro, accanto a te sono scesi tanti Fratelli di Luce e molte guide invisibili e visibili. Il tempo della "non azione" è per te quasi terminato, molte anime terrene a te promesse ti stanno attendendo per procedere il viaggio su questo meraviglioso pianeta chiamato Terra. Basta soltanto qualche piccolo passo e poi prenderai il volo. E dopo tutto sarà. I piani sono stati cambiati e riallineati al disegno originale; l'energia ha invertito un processo che ormai era logoro e desueto, il resto lo vedrai presto.

Ora ti sembra di percepire solo vuoto accanto a te, ma molto presto il sole sarà lì, e finalmente potrai sentirti al sicuro aprendo il tuo cuore e comprendendo definitivamente il vero significato di ciò che lì chiamano amore, senza sapere veramente cosa sia. Chi vorrà starti vicino predisponendosi a comprendere la vera resilienza dei ruoli, sarà con te per sempre.

Il disegno è veramente grande, ma ricorda sempre che non sarai solo, il tempo rimasto per il risveglio sta per scadere. Rifletti bene su tutto quello che ti ho appena detto, comprendi tempi e modi e accetta l'essere resiliente. La resilienza è la chiave per aprire finalmente il cuore e divenire tu stesso il vero creatore della tua vita oltre ogni forma di paura generata della mente!

In questa storia del cuore si parla della paura che limita il raggiungimento della nostra pura consapevolezza, del timore di non essere riconosciuti e della non azione. Non so a voi, ma a me è capitato spesso di essere vicina al raggiungimento del mio sogno, o progetto, e in quel momento la paura faceva sì che mettessi tutto in discussione, fino ad arrivare a pensare di lasciar perdere dubitando della validità e dell'utilità del mio progetto. Più la posta in gioco era alta e più la vecchia paura di non riuscire prendeva forma, appiccicandosi alla mia mente come una ventosa che mi impediva di essere veramente obiettiva.

Ogni sorta di vecchia paura si riaffacciava, non c'era più tempo per portare a termine quel progetto, non c'erano abbastanza fondi disponibili, non c'erano collaboratori che mi sostenessero oppure non c'erano persone interessate a prestare attenzione a quel progetto. Era come se mi sentissi divisa in due parti, una spingeva verso il traguardo e una frenava tutto. Ma perché la forza che frenava tutto spesso aveva la meglio sull'altra? Che cosa poteva celarsi dietro a quell'energia che si dibatteva in maniera incessante per non farmi arrivare alla meta? Se la spinta che bloccava era così forte, forse la meta portava con sé un successo altrettanto grande. Alla luce di questa consapevolezza, perché continuavo insistentemente a boicottare la mia vittoria?

Un giorno ho deciso di andare oltre questa paura, mi sono fermata, ho cercato di portare calma nella mia mente attraverso una breve meditazione e poi ho spostato l'attenzione dal cervello al cuore. Qualcuno si chiederà come si possa spostare l'attenzione dal cervello al cuore, ma vi garantisco che è possibile, anzi è veramente l'unica via per andare oltre la paura che si genera nella mente e che, come già abbiamo detto, altro non è che carenza d'amore.

Torniamo all'esercizio cervello-cuore. Mettetevi comodi, chiudete gli occhi e fate tre respiri lenti e profondi, così facendo passerete alla vostra mente l'idea di potersi veramente distendere. Poi mettete una mano, o entrambe, sul vostro cuore, continuando a respirare lentamente, e portate l'attenzione al calore generato della mano sul cuore; così avete spostato la mente nel cuore. Ora, continuando a tenere gli occhi chiusi e un respiro calmo e lento, ponetevi la domanda che vi tiene bloccati nella paura, ad esempio: «A che cosa mi è utile questa paura che mi impedisce di procedere?»

La risposta giungerà rapida, e spesso anche la soluzione. Nel mio caso, la risposta mi ha mostrato che, se quella paura fosse completamente sparita, sarei giunta alla parte finale del mio progetto completamente illuminata dai riflettori del successo. Per un attimo non ho compreso l'utilità della paura, poi una domanda si è fatta strada in me. Nel momento in cui tutta quella luce veniva puntata su di me come un raggio di sole estivo a mezzogiorno, dove mi sarei potuta riparare, io che ero ormai abituata a vivere nell'ombra?

In quel momento ho compreso che tutte le mie paure si potevano riassumere in una: la paura di essere vista e la responsabilità che ne sarebbe conseguita. Ho deciso di andare oltre anche questo timore accettando le mie debolezze, osservandole con occhi compassionevoli e comprendendo che, nel momento in cui avrei cessato di combatterle mostrandomi resiliente a ognuna di esse, si sarebbero trasformate nei miei punti di forza. Oggi le osservo una a una e sorrido quando si affacciano sulla mia strada, comprendendo che quelle debolezze sono i punti di forza che mi hanno accompagnato lungo tutta la strada e dunque sono parte integrante di me. Riconoscere tutto ciò mi ha fatto accettare in pieno quel magnifico piano che io stessa avevo costruito insieme ad altre anime meravigliose che avverto vicine a me in maniera visibile e non. Finalmente il vero disegno dell'universo ha preso vita.

RIEPILOGO DEL CAPITOLO 7:

- SEGRETO n. 1: Domandatevi se vi sia mai capitato di essere sul punto di realizzare un progetto importante e una vocina dentro di voi si è insinuata mettendo in dubbio tutto. Quella vocina era la vostra mente che stava cercando di trarvi in inganno. Quando vi capita questa cosa, ricordate l'esercizio del cuore: chiudete gli occhi, respirate lentamente portando la mano sul cuore e piano piano ritrovate la vostra calma mentre la vocina sparirà.

- SEGRETO n. 2: Cercate di fare una lista dei progetti durante i quali quella vocina vi ha fatto visita e provate ad associare a ogni progetto una serie di paure. Vedete se qualcuna di queste si ripete. Cercate anche di associare un volto a quella vocina (magari non sarà sempre lo stesso).

- SEGRETO n. 3: Ora ripetete l'esercizio della mente e del cuore: trovando un posto tranquillo, chiudendo gli occhi, calmate il respiro e, dopo tre respiri lenti e profondi, mettete le mani sul cuore spostando anche l'attenzione lì; ora chiedetevi quale sia l'utilità di quelle paure e cercate anche la soluzione.

- SEGRETO n. 4: Individuate i vostri punti deboli e trasformateli in punti di forza attraverso la comprensione della loro utilità. Spesso portiamo l'attenzione verso ciò che apparentemente ci sembra debolezza, ma in realtà essa è proprio ciò che ci contraddistingue dagli altri, che ci fa essere unici. Dunque usiamola a nostro vantaggio.

- SEGRETO n. 5: Ora che ogni punto ha trovato la sua zona di resilienza, potete ripetere l'esercizio testa-cuore e creare liberamente la vostra realizzazione, nell'accettazione del vostro vero Sé, percependo anche chi sono le vostre guide migliori in questo momento.

Capitolo 8:
Come vivere la vita che hai sempre desiderato

Chi sei? Sei arrivato in punta di piedi, mentre me ne stavo andando, come se l'importante non fosse per quanto tempo, ma soltanto l'aver rispettato quel tempo, deciso forse molte vite fa. E ora che abbiamo rispettato la promessa? Ora che cosa dobbiamo fare? La ragione si è dibattuta per far sì che io non ti riconoscessi, ma forze superiori alla stupida mente menzognera hanno preso la loro rivincita... E ora sono qui, con un mondo di profumi che mi raccontano di te... chi sei ... chi eri; a chiedermi che cosa devo fare, o capire, o portare a termine.

Ti incontro anche nei luoghi più privati del mio essere, dietro gli angoli blindati della mia anima sbuchi tu. Non ti avverto come pericolo, né come prigione, e questo mi fa stare bene, ma perché mi sento così a casa con te? Da dove arrivi? Perché la tua anima si è subito mostrata nuda a me? Perché sin dal primo istante mi hai raccontato la nostra storia senza neppure parlare? Dico la

Nostra, sì la Nostra storia non per fare dello sciocco romanticismo, ma è chiaro che è la Nostra, se io con te mi sento a casa significa che altre volte ho vissuto una condizione animica simile.

Quando siamo insieme non percepisco separazione o distinzione tra me e te, ma solo e unicamente una fusione. Provo un bene assoluto, che non è il bene comune che due innamorati si dichiarano, no! Mi sentirei di offendere la parte più nobile e intima delle nostre anime a intendere questo, ma è un bene che va oltre qualsiasi vincolo, legame o dogma, un bene infinito che c'è, c'era e ci sarà sempre oltre lo spazio e il tempo.

È un bene non generato da un corpo fisico, ma da qualcosa di infinitamente immenso e inesauribile, un bene che passa attraverso il cuore, ma non il cuore di due persone vincolate in qualche specie di relazione limitante. È un cuore che non ha un unico corpo d'appartenenza, appartiene all'universo, e io sono fiera di poterlo far scorrere dentro di me e di ricevere questo dono chiamato "bene universale".

Sono onorata di poter provare tali emozioni, e te ne sono grata, perché è tramite te che mi è stato fatto questo dono. Certo che noi non possiamo stare chiusi in una semplice relazione, sarebbe come pensare di poter rinchiudere l'infinito in una scatola. E l'infinito non ha contenitori, è infinito e basta.

E noi non abbiamo ruoli o stereotipi di relazione che possano contenerci, siamo infiniti, anime libere che hanno deciso di ritrovarsi a un bivio per compiere un pezzo di strada verso casa insieme.

Non è importante sapere dove andrà questa strada, né quanto sarà lunga, l'importante è percorrerla con allegria e lealtà, nell'assoluta libertà di poter scegliere la direzione migliore per noi, certi che ognuno rispetterà sempre il tacito patto di non vincolare l'altro in un malato bisogno di chissà che cosa.

Credo che finché ognuno di noi avrà il coraggio di mostrarsi nudo all'altro, nessuna distanza impedirà all'anima di ritrovarsi, e nel momento in cui le maschere inizieranno a coprire i volti, nella paura di scorgere la vera immagine riflessa, la pura consapevolezza non potrà far altro che innalzare i corpi e svelare la verità. Sì, la verità di due anime che si scoprono identiche nell'infinito specchio dell'eternità!

Vi starete chiedendo come mai la prima e l'ultima storia del cuore siano uguali. Be', ho sentito l'esigenza di ripetere questa storia per dare una ciclicità a tutto il lavoro svolto fino a oggi. Considero la vita un meraviglioso ciclo e ho voluto onorarla analizzando nuovamente questa storia che potrete leggere come finale o come un nuovo punto di partenza, a voi la scelta.

Per me il rileggerla ora è sia finale sia inizio. Finale perché non avverto più il timore di esprimere i miei pensieri e il mio sentire. Ora mi concedo di essere finalmente me stessa. Sono consapevole che tutto muta e, di conseguenza, anche la mia evoluzione cambia e si evolve in ogni istante della vita. Inizio perché non avverto più il disagio di un incontro così importante e significativo e dunque questo definisce la conclusione del primo ciclo e la partenza di un nuovo progetto di vita. Riesco a scorgere tra queste righe il vero significato della parola amore, che va al di là di schemi limitanti e vincolanti, rilasciando la paura di non essere all'altezza, il timore e la rabbia per il tradimento e portando l'attenzione sulla consapevolezza di essere stata la creatrice unica della mia vita fino a oggi; so che ora posso veramente creare ciò che il mio cuore mi suggerisce.

Oggi comprendo che non c'è niente da dover tenere sotto controllo in nessun tipo di relazione, lascio che gli eventi si manifestino in maniera sincronica nella mia vita e spesso cerco di vedere questa sincronicità che prende forma ancora prima che l'evento stesso si manifesti. Tutto questo è possibile per ognuno di noi, nell'attimo in cui scegliamo di essere veramente quel tutto che ci ha creati. Comprendere di fare parte di un disegno universale mi ha aiutato ad accettare i miei limiti trasformandoli in punti di forza. La resilienza ora è la via unica per portare dentro di me la vera compassione.

Se sarete riusciti a rilasciare, anche solo in parte, le emozioni pesanti che vi hanno accompagnato nella vostra vita, comprendendone il senso, sicuramente avrete fatto un passo avanti nel ricordare come si connette il cuore al cervello e da qui potrete iniziare a diventare i veri artefici della vostra vita. E ora che ho svolto tutto questo lavoro, credo veramente di meritare l'arrivo di quell'anima descritta nella storia del cuore. Vorrei veramente che giungesse a me in punta di piedi, non per chissà quale sorta di sudditanza, ma perché mi piacerebbe che tutto avvenisse nella delicatezza impalpabile del vero amore.

Prima ancora di comprendere il suo volto e di incontrare il suo corpo, vorrei che le nostre anime si riconoscessero, rinnovando per sempre il tacito patto di non vincolarsi mai. So che questo è l'unico patto che potrei accettare e so che, se questo avverrà veramente, saprò finalmente donare tutto quello che fino a oggi è rimasto inespresso dentro di me. Desidero veramente un incontro dove le immagini sovrapposte siano identiche, non per romanticismo, ma per risonanza dei valori interiori, che non posso trascendere in nessun modo, perché sono consapevole che oggi non saprei più accettare verità taciute o false promesse.

So che questo tipo di incontro porta con sé un lavoro costante e una grande lealtà verso se stessi, in primis, e poi verso l'altro, ma credo veramente che sia l'unico modo per poter affermare di aver incontrato e vissuto l'amore in questa vita e, di conseguenza, averla veramente vissuta fino alla fine. Aver compreso veramente certi valori mi ha fatto riflettere su tutto ciò che mi circonda in questo momento, e posso veramente affermare di essere fortunata perché ho accanto a me molte persone che sanno donare e accettare amore senza porre vincoli.

Qualcuno molto tempo fa mi ha detto che attraiamo le persone nella nostra vita attraverso i nostri difetti e che questo ci è utile per evolvere. Dunque, se da oggi vogliamo persone che ci rispettino, che siano leali e che ci amino, iniziamo a dare il buon esempio e portiamo questi sentimenti dentro di noi. Credo che, nel momento in cui saremo in pace con noi stessi, saranno più facili anche tutti gli altri rapporti interpersonali e sentimentali.

A voi lettori suggerisco di rileggere ciò che avevate scritto la prima volta che avete letto questa storia del cuore e di ascoltare in tutta serenità se qualcosa è cambiato dentro di voi. La vita è una costante prova evolutiva, ma alla base ci deve essere l'amore e il rispetto per noi stessi; solo da qui potremo riuscire a scorgere la grandezza del primo incontro.

Continuare a vedere nel nostro compagno o compagna, anche dopo anni di relazione, la bellezza del primo sguardo credo che sia veramente un bel traguardo. Ogni incontro è sacro, impariamo a onorare le persone che sono entrate nelle nostre vite e che ci hanno accompagnato nella crescita. Talvolta possiamo aver condotto questo viaggio senza essere ben allineati nei tempi, ma questo è sicuramente accaduto perché ci siamo dimenticati di aprire la vera porta del cuore all'altro, restando nelle nostre aspettative e proiettando sull'altro bisogni e timori che non abbiamo avuto il coraggio di riconoscere e ammettere.

Per poter veramente percepire l'altro senza alcuna paura, dobbiamo compiere prima un bel lavoro su noi stessi, sul nostro vissuto e sulle nostre emozioni; soltanto dopo aver compreso le debolezze che ci distinguono e ci rendono unici potremo fare posto a qualcuno nel nostro cuore, senza percepirlo come una minaccia. Sentire l'altro come parte integrante di sé, riconoscendo la fusione di due entità uguali ma diverse e restando comunque integri nella nostra essenza, è il segreto per non temere la persona che abbiamo al nostro fianco nel viaggio della vita.

Vivere uniti senza il bisogno limitante di dover confinare l'unione in qualcosa di convenzionale, solo per essere omologati a ciò che la società richiede arrivando a scegliere l'unione senza subirla credo sia l'atto di fede più grande che possiamo donare all'altro. Spesso l'omologazione delle relazioni conduce a identificarsi nel marito o nella moglie, nel compagno o nella compagna, nell'amico o nell'amica, perdendo la vera essenza personale che ognuno di noi avrebbe il diritto di conservare.

È proprio in quell'essenza unica, che ognuno di noi riceve quando inizia il viaggio su questo pianeta, che si nasconde la bellezza che spesso cerchiamo negli altri per tutta la vita. Iniziare a divenire consapevoli di quella bellezza ci aiuterà a vivere senza più la necessità di indossare svariate maschere che confondono noi e chi ci sta vicino. Riconosciamo la nostra vera essenza per far sì che finalmente il bello che vediamo in noi illumini la nostra strada.

RIEPILOGO DEL CAPITOLO 8:

- SEGRETO n. 1: Provate a leggere ciò che avete scritto nel primo capitolo e ascoltate cos'è cambiato dentro di voi.
- SEGRETO n. 2: Domandatevi se credete veramente di meritare amore e se riuscite a donarvi amore e attenzione o se vi risulta più facile donarlo ad altri
- SEGRETO n. 3: Se state vivendo una storia d'amore, un'amicizia o un rapporto profondo di conoscenza, chiedetevi se vi sentite al sicuro mostrandovi per quello che siete o se ancora qualche paura vi vincola.
- SEGRETO n. 4: Domandatevi quali sono le virtù che saresti pronti ad apprendere e a offrire a un partner per vivere serenamente la vostra relazione e quali vorreste ricevere in cambio.
- SEGRETO n. 5: Provate a scrivere la vostra storia del cuore. Prima però ripetete l'esercizio del respiro mente-cuore e ascoltate che cosa vi suggerisce il cuore. Potete fargli qualsiasi domanda, risponderà in maniera leale. Se non comprendete se la risposta arriva dalla mente o dal cuore, sappiate che la prima risposta è sempre quella del cuore. Potete anche usare la monetina per capire che cosa avete veramente nel cuore.

Quando la gettate in aria affidandole la vostra domanda, il cuore vi porterà a sperare in una risposta, e il gioco è fatto.

Conclusione

Ora che siamo giunti alla conclusione, vorrei riassumere i punti chiave di questo libro per far sì che possiate velocemente ricordarne le basi per poi riuscire a rilasciare tutte le convinzioni limitanti e accedere finalmente al vostro vero potenziale.

Il libro è diviso in otto punti, le storie del cuore hanno un potere evocativo dentro ognuno di noi e ci conducono a incontrare emozioni vecchie e stagnanti. Tutto quello che segue alla trascrizione della storia del cuore sono pezzi della mia vita, attraverso i quali ho compreso come svincolarmi da situazioni che si ripetevano ciclicamente, tenendomi bloccata nella non evoluzione e nella paura di riconoscere la vera luce.

Gli esercizi che seguono a fine capitolo sono utili per analizzare il vostro vissuto e per cercare di riconoscere i blocchi limitanti che spesso sottovalutiamo. Consiglio a tutti voi di svolgere la parte degli esercizi prendendovi un po' di tempo e di calma e scrivendo tutto su un quaderno, per poi andare a rileggere in un secondo momento e annotare i cambiamenti, se ce ne sono stati.

Con il tempo scoprirete che alcune cose che avevate scritto non vi appartengono più o non suscitano in voi la stessa emozione. Ogni storia porta con sé un passo nella consapevolezza e, se seguirete i vari passaggi, comprenderete parti di voi spesso sconosciute.

1) Attraverso l'ascolto della prima storia entrerete in contatto con le emozioni del cuore e riconoscerete la relazione che più vi ha segnato e le emozioni di rabbia che continuano ad accompagnarne il ricordo.
2) Domandatevi chi vi ha insegnato che la vita è una lotta, come avete affrontato le sfide della vita e che cosa avete perso di vista. Domandatevi se vivete un progetto o se siete imprigionati nel timore del fallimento.
3) Osservando la vita come un ciclo, possiamo rilasciare il timore della morte.
4) Interrogatevi su quanto peso ha avuto il tradimento nelle vostre esperienze di vita, se siete sicuri di aver compreso chi ha tradito e chi è la vittima e se sapete riconoscere il vostro

valore personale.

5) Destino o sincronicità. Andate a incontrare il vostro "Io bambino", o inconscio, per aiutarlo a rilasciare tutti i sentimenti depotenzianti.

6) Chiedetevi se siete in continua sfida con il mondo, se alternate momenti di successo ad altri di fallimento e se non lasciate che gli altri vi aiutino. Cercate di comprendete come fare per sentirvi parte del tutto.

7) Incontrate i vostri punti deboli per trasformarli in punti di forza, resistenza o resilienza.

8) Incontrate e riconoscete il vero amore incondizionato in voi. Ascoltate cos'è cambiato dalla lettura del primo capitolo.

Auguro a tutti voi un buon viaggio attraverso le onde delle emozioni. Spero che questo percorso vi sia stato utile. Scrivere questo libro è stata la terapia più profonda che mai avrei pensato di intraprendere.

Potrete continuare a seguire gli aggiornamenti del libro sul mio profilo Facebook "Alessandra Gaetani", sulla pagina Facebook del libro "Alessandra Gaetani Theta", sul gruppo Facebook

"Consapevolezza in 8 passi" e sul mio sito internet: http://www.alessandragaetani.it/ .

Il libro è la partenza e la preparazione per accedere a corsi esperienziali che organizzerò e che affronteranno in maniera più approfondita i vari temi trattati. Nei corsi verrà analizzato ogni passo con il dovuto tempo e il completo rispetto delle emozioni che potranno affiorare.

Comprendere chi siamo passando dall'amore alla morte incontrando la sincronicità, la resilienza e scegliendo se identificarsi con altro/i o essere se stessi non è un lavoro semplice, ma credo sia l'unico modo per arrivare finalmente a comprendere chi siamo veramente e qual è lo scopo del nostro viaggio su questa Terra.

Ringraziamenti

Ringrazio tutti voi, cari lettori, per la fiducia e il tempo che mi avete dedicato. Ringrazio tutti gli amici, e sono veramente molti, che mi hanno sostenuta e spinta ad affrontare questo percorso. E poi ringrazio tutto il team di Bruno Editore per la pazienza e la competenza; siete stati la mia opportunità di crescita del nuovo anno 2018.

Un ringraziamento particolare va a Elio Capecchi per i suoi incoraggiamenti, spesso non proprio garbati, ma veri e leali, che ha creduto in me da subito e mi ha sostenuta nel momento in cui ho iniziato a scrivere le storie del cuore, facendomi sentire normale nella mia stranezza. Molte delle storie che sono nel libro in verità appartengono a lui, cioè sono giunte a me sotto forma di storia del cuore come messaggi indirizzati a lui. Caro Elio, ora che le ho raccolte quasi tutte in questo libro, potrai rileggerle senza troppe scuse!

A chi si sta chiedendo chi sia Elio e che ruolo abbia nella mia vita, rispondo dicendo «boh». Elio non è un amico, è molto di più, non è un compagno, ma va ben oltre, non è maschio o femmina per me. Elio è la creatura che ognuno di noi dovrebbe incontrare nella propria vita per poter affermare di aver conosciuto la vera compassione del cuore, che va oltre ogni interesse e aspettativa.

Ringrazio i miei amici Andrea Bologna e Ilaria Battolla che sono anche i titolari della Scuola di Naturopatia Ippocrate nella quale insegno. Entrambi mi hanno seguito e sostenuto aiutandomi a definire meglio la "mia creatura". Credo nelle "anime promesse", creature divine incarnate in un corpo fisico che potrei anche definire "angeli" scesi su questa Terra con il compito di aiutare l'evoluzione umana. Io so di averne molti vicini e ne sono grata all'universo. Andrea e Ilaria fanno parte di queste "anime promesse".

Infine, il ringraziamento più forte e sentito va a mia madre, che mi ha sostenuta, anche questa volta, da una prospettiva nuova, direi da una visuale più alta, ma che ho sentito a me molto vicina. Grazie mamma per continuare a essere sempre con me!

www.ingramcontent.com/pod-product-compliance
Lightning Source LLC
Chambersburg PA
CBHW070505090426
42735CB00012B/2679